INHALT

> SZENE

S. 12–15: Trends, Entdeckungen, Hotspots! Was wann wo in Tunesien los ist, verrät der MARCO POLO Szeneautor vor Ort

> 24 STUNDEN

S. 90/91: Action pur und einmalige Erlebnisse in 24 Stunden! MARCO POLO hat für Sie einen außergewöhnlichen Tag in Tunis zusammengestellt

> LOW BUDGET

Viel erleben für wenig Geld! Wo Sie zu kleinen Preisen etwas Besonderes genießen und tolle Schnäppchen machen können:

Preiswert übernachten in Nabeul S. 50 | Auf Entdeckungsreise mit der Metro du Sahel S. 57 | Schöner Träumen in Tozeur: günstige Bungalows im Oasenhain S. 85

> GUT ZU WISSEN

Was war wann? S. 10 | Spezialitäten S. 26 | Blogs & Podcasts S. 37 | Medinacafés S. 47 | Oliven S. 66 | Bücher & Filme S. 72 | www.marcopolo.de S. 100 | Was kostet wie viel? S. 101 | Währungsrechner S. 104 | Wetter in Tunis S. 105

AUF DEM TITEL

Tunis: Trendmetropole für Design und Musik S. 13, 15 Events in der Wüste Douz S. 23

ENTDECKEN SIE TUNESIEN!

Unsere Top 15 führen Sie an die traumhaftesten Orte und zu den spannendsten Sehenswürdigkeiten

Die Highlights sind in der Karte auf dem hinteren Umschlag eingetragen

 Vieux Port
Am alten Hafen von Bizerte mit seinen bunten Fischerbooten scheint die Zeit stillzustehen (Seite 32)

 Bulla Regia
In den unterirdisch angelegten römischen Villen können Sie die wertvollen Mosaikböden noch am ursprünglichen Standort bewundern (Seite 40)

 Djammaa ez-Zitouna
Die bedeutendste Moschee von Tunis liegt im Herzen der Medina inmitten lebhafter Gassen (Seite 43)

 Musée National du Bardo
Tunesiens Antike wird in farbenfrohen Mosaiken aus römischen Villen und Thermen lebendig (Seite 44)

 Thermes d'Antonin
In der Thermenanlage am Meer trafen sich die Römer, um zu entspannen und um Geschäfte abzuschließen (Seite 49)

 Sidi Bou Saïd
Das weiß-blaue Bilderbuchdörfchen hoch über der Bucht von Tunis ist ein Treffpunkt der Künstler (Seite 50)

 Djamaa Sidi Oqba
Eindrucksvolles Gotteshaus: die Moschee in Kairouan (Seite 54)

 Musée National des Arts Islamiques
Wertvolle Handschriften, filigrane Glaswaren und elegante Keramik in Reqqada spiegeln die Vielfalt islamischer Kunst (Seite 58)

MARCO 🌐 POLO

TUNESIEN

Reisen mit Insider Tipps

> Tunesien ist eine faszinierende Mischung traditioneller Elemente und einer dynamischen Moderne. Sie finden archaische Wohnkultur und hippe Mode, tiefe Frömmigkeit und aufgeklärte Jugendszene oft ganz nahe beieinander.
> *MARCO POLO Autoren Daniela Schetar und Friedrich Köthe*
> (siehe S. 127)

(siehe S. 127)

Spezielle News, Lesermeinungen und Angebote zu Tunesien:
www.marcopolo.de/tunesien

TUNESIEN

> SYMBOLE

MARCO POLO INSIDER-TIPPS
Von unseren Autoren für Sie entdeckt

★ **MARCO POLO HIGHLIGHTS**
Alles, was Sie in Tunesien kennen sollten

 **SCHÖNE AUSSICHT**

 **WLAN-HOTSPOT**

▶▶ **HIER TRIFFT SICH DIE SZENE**

> PREISKATEGORIEN

HOTELS
€€€ über 100 Euro
€€ 65–100 Euro
€ unter 65 Euro
Preise für zwei Personen im Doppelzimmer mit (€€€ in Tunis ohne) Frühstück

RESTAURANTS
€€€ über 40 Euro
€€ 20–40 Euro
€ bis 20 Euro
Die Preise gelten für ein Essen mit Vor-, Haupt- und Nachspeise ohne Getränke

> KARTEN

[112 A1] Seitenzahlen und Koordinaten für den Reiseatlas Tunesien
[0] außerhalb der Tuniskarte

Eine Tuniskarte finden Sie in der hinteren Umschlagklappe

Zu Ihrer Orientierung sind auch die Orte mit Koordinaten versehen, die nicht im Reiseatlas eingetragen sind

> DIE BESTEN MARCO POLO HIGHLIGHTS

 El-Djem
Eines der größten Amphitheater
der römischen Welt (Seite 61)

 Ribat
Faszinierend ist die schlichte, strenge
Architektur dieser Festung in Sousse,
die von Kriegermönchen verteidigt
wurde (Seite 64)

 Synagoge La Ghriba
Eines der größten Heiligtümer vor allem
für nordafrikanische Juden ist die von
außen unscheinbare Synagoge in dem
Städtchen Erriadh auf Djerba (Seite 70)

 El-Hofra-Düne
An den großen Dünenbergen bei Douz
beginnt die „richtige" Sahara, ein Meer
feinsten, goldgelben Sandes (Seite 75)

 Chenini und Douiret
Zwei der am besten erhaltenen
Höhlendörfer im Süden: Sogar
die Ölmühle ist in einer Höhle
untergebracht (Seite 80)

 Ouled el-Hadef
Die Häuser in der Altstadt von
Tozeur sind mit geometrischen
Mustern aus versetzt gemauerten
Lehmziegeln geschmückt
(Seite 81)

 Bergoasen
Die alten Oasendörfer im
Saharaatlas sind zwar verlassen,
bilden aber zusammen mit der
herben Natur des Wüstengebirges
ein reizvolles Ausflugsziel
(Seite 83)

> Sonne, Strand und Meer – als ganzjähriges Badeparadies hat Tunesien sich längst einen Namen gemacht. Im Hinterland hingegen gibt es noch viel zu entdecken: Punische Opferstätten und römische Tempel, wehrhafte Moscheen und verspielt-orientalische Paläste sorgen fürs Kulturprogramm. Dromedartrekking durch die Sahara, Shoppingausflüge in den Souk von Tunis und Querfeldeinfahrten mit dem Quadbike heben den Adrenalinspiegel, während die herrlichsten Golfplätze zwischen Mittelmeer und Saharaoasen und luxuriös-orientalische Wellnesstempel pure Entspannung garantieren.

> Ein Abend im Fastenmonat Ramadan: Familienväter und Yuppies drängeln durch die schmalen, von Läden gesäumten Gassen der Medina von Tunis; verschleierte Frauen spazieren Arm in Arm mit Mädchen in Hüfthosen an den glitzernden Auslagen der Boutiquen entlang; ehrwürdige, in die traditionelle Djellaba gewandete Herren diskutieren heftig gestikulierend mit jugendlichen Baseballmützenträgern über die Fußballergebnisse.

In den Cafés versammeln sich junge Paare um die Wasserpfeifen, Loungesounds wabern durch die Souks, vermengt mit zarten Tönen einer arabischen Laute aus einem maurischen Palast. Ein paar Schritte weiter hallen dumpfe Trommeln. Die religiösen Gesänge einer Sufibruderschaft klingen an den Mauern wider und machen dem arabischen Rap aus den Lautsprechern der CD-Läden Konkurrenz. Tradition und Moderne – in Tunesien sind das keine Gegensätze, sondern zwei sich ergänzende Aspekte des Alltags.

Mit 163 610 km² ist Tunesien knapp halb so groß wie Deutschland und landschaftlich überaus abwechslungsreich: Die nördliche Korallenküste zwischen Bizerte und der Grenze zum Nachbarland Algerien zeigt sich mit schroffem, zackigem Fels, verschwiegenen Sandbuchten und dichten Eichenwäldern um das Fischerstädchen Tabarka heitermediterran. Endlose Sandstrände und bis an den Horizont Reihen akkurat gepflanzter Olivenbäume bestimmen das Bild der Ostküste. Sahel – das Ufer – nannten die arabischen Eroberer die Landschaften südlich des Seebads Hammamet, die sich bis Sfax

erstrecken. Befestigte, wehrhafte Hafenstädte wie Sousse, Monastir und Mahdia waren Handelsplätze für das wertvolle Olivenöl. Heute sind hier nicht mehr die Oliven, sondern der Tourismus der Hauptwohlstandsbringer: An den Sandstränden rund um Hammamet, zwischen Port el-Kantaoui und Monastir und bei Mahdia erfüllen phantasievoll-orientalische Hotels ihren Gästen alle Urlaubsträume.

> *Schroffe Felsen und herrliche Sandstrände*

Im Norden und Osten von Fruchtbarkeit eingerahmt, ist die zentraltunesische Steppe auf den ersten Blick ein Aschenputtel unter den tunesischen Landstrichen. Der Gebirgszug der Dorsale, ein Ausläufer des Atlasgebirges, begrenzt sie nach Norden,

Die Große Moschee von Kairouan gehört zum kulturellen Welterbe der Menschheit

und im Süden brandet die versengende Hitze der Sahara gegen das magere Steppengras an. Ausgerechnet hier in der Einöde gründeten die vom Islam beseelten und zur Eroberung Nordafrikas westwärts drängenden Araber im 7. Jh. Kairouan. Die heilige Stadt mit ihren vielen religiösen Monumenten und der lebhaften Medina ist, verglichen mit den ärmlichen Nachbarsiedlungen, ein strahlender Stern. Nord- und Osttunesien haben ihre Erträge aus Landwirtschaft und Tourismus, Zentraltunesien hingegen ist ein wirtschaftliches Sorgenkind geblieben. Südlich von Sfax machen sich die Vorboten der Wüste bemerkbar, in der großen Palmenoase von Gabès sind sie schon zum Greifen nahe.

Doch bevor der Grand Sud, der Große Süden, beginnt, weckt und erfüllt Djerba die schönsten Urlaubsträume. Ein Eiland ohne Wasser, bewohnt von strenggläubigen Ibaditen

> **Die Insel Djerba erfüllt die schönsten Urlaubsträume**

– das soll Homers lustvolle Lotophageninsel gewesen sein, die Heimstatt der berauschten Lotosesser? Nun, Millionen von Feriengästen geben dem alten Dichter Recht und vergessen auf der Insel für einige Tage oder Wochen ihren Alltag.

Die Sahara bedeckt rund ein Drittel Tunesiens. Als Bilderbuchwüste mit sinnlich gewölbten Dünenketten stemmt sie sich beharrlich gegen die Barrieren der Oasenstadt Douz, die zu den beliebtesten Touristenzielen Südtunesiens zählt. Doch zeigt sich die Sahara auch anders: Im Süden trotzen die Menschen der Hitze und

WAS WAR WANN?

Trockenheit des Dahargebirges zwischen Matmata und Tataouine in bizarren Trichterhäusern, in Höhlendörfern und mächtigen Speicherburgen. Im Westen füllen Salzseen eine riesige Senke. Der Tourismus hat Tozeurs traditionellen Erwerbszweig, die Oasenwirtschaft, etwas an den Rand gedrängt. Dennoch: Hier wachsen noch immer die besten Datteln der Welt, *Deglet en-Nour,* die „Finger des Lichts".

Tunesien hat etwa 10 Mio. Einwohner. Von ihnen zählen noch rund 1 Prozent zur Volksgruppe der Berber, die das Land vor Ankunft der Araber besiedelten. Die Jahrhunderte des Zusammenlebens haben die Unterschiede zwischen Berbern und Arabern weitgehend verwischt. Tunesier sind polyglott und aufgeschlossen, ihre Sprachkenntnisse sind phänomenal. Neben dem Arabischen und dem Französischen, den beiden Landessprachen, beherrschen viele Spanisch, Italienisch, Deutsch und sogar Russisch. Die Menschen wurzeln in der nordafrikanischen und nahöstlichen, aber auch in der europäischen Kultur, denn schließlich gaben sich Phönizier, Berber, Griechen, Römer, Vandalen, Byzantiner, Araber, Spanier, Türken und Franzosen die Klinke in die Hand. Dass Tunesien außenpolitisch meist den Weg zwischen den Blöcken sucht und gern als Mittler auftritt, ist sicherlich die Folge seiner bewegten Geschichte.

Die nahezu bedingungslose Unterwerfung unter die Anforderungen der Tourismusindustrie ist vielleicht die einzige Schattenseite in dem von der

Sonne so großzügig bedachten Land. Immer neue Küstenstriche wandeln

> *Orientalischer Traum und aufregende Moderne*

sich zu Hotelzonen und Yachthäfen, und mit jeder neuen touristischen Zone geht ein Stück Natur verloren,

In den Souks von Sousse

wachsen die Müllberge, verschärfen sich die Probleme mit der Wasserversorgung. Dramatisch sind auch die Veränderungen in den Köpfen vieler, die von den Fremden leben. Gelegentlich tritt Zudringlichkeit an die Stelle traditioneller Zurückhaltung, und unsaubere Geschäftspraktiken ersetzen den herkömmlichen Respekt gegenüber den Gästen.

Tunesien ist ein islamisches Land, in dem die Verfassung die Polygamie verbietet und die Gleichberechtigung der Frau garantiert. Es ist wirtschaftlich abhängig von den Touristen, denen es dennoch seine wertvollsten Baudenkmäler, die Moscheen, verschließt. Es ist ein Agrarland, dessen Kinder, Mädchen wie Jungen, zu fast 100 Prozent eine Schule besuchen. Manch einem erscheint dieses fortschrittliche Tunesien so gar nicht wie ein Märchen aus Tausendundeiner Nacht. Das ist es auch nicht – es ist der Teil der islamisch-arabischen Welt, der zielstrebig seinen Weg in die Moderne sucht, ohne dabei sein Erbe zu verleugnen. Eben dies macht die Faszination dieser so alten und zugleich dynamisch-jungen Nation aus. Wenn Sie Tunesien mit offenen Augen bereisen, werden Sie beides finden: den orientalischen Traum und die aufregende Moderne, die mauerbewehrte Medina und innovative Architektur, den Traumstrand und das Abenteuer Sahara, den ehrwürdigen Scheich und die selbstbewusste Managerin   viele verschiedene Mosaiksteine, die zusammengesetzt das Bild eines wunderschönen, erstaunlichen und sehr gastfreundlichen Landes ergeben.

TREND GUIDE TUNESIEN

Die heißesten Entdeckungen und Hotspots! Unser Szene-Scout zeigt Ihnen, was angesagt ist

Andrea Philippi
ist Pressereferentin des Tunesischen Fremdenverkehrsamts in Deutschland *(www.tunesien.info)* und kennt das Land in- und auswendig. Und nicht nur das: Tunesien ist für sie zu einer zweiten Heimat geworden. Vor allem Südtunesien und die Wüste haben es ihr angetan. Ihr Geheimtipp: die fast unberührten Kerkennah-Inseln.

KLAPPE UND ACTION!

Tunisia goes Hollywood

Die faszinierende Landschaft macht Tunesien zu einer beliebten Film-Location: *Star Wars*, *Der Englische Patient* und *Indiana Jones* wurden hier gedreht. Das Höhlenhaus, in dem Luke Skywalker bei seinen Pflegeeltern lebt, ist das *Hotel Sidi Driss* in Matmata *(Alt-Matmata, Tel. 75240005)*. 13 km nordwestlich von Tozeur befindet sich der Marabout *Sidi Bou Hellal:* Hier liegt der Canyon, in dem Graf Almásy in *Der Englische Patient* die Höhle der Schwimmer entdeckt und Luke Skywalker in *Star Wars* eine

Verfolgungsjagd mit den gefürchteten *Tusken Raiders*, den Sandmenschen, zu bestehen hat. Der Kamelfelsen (Lager der Archäologen in *Der Englische Patient*) und die Weltraumstadt *Mos Espa (Star Wars, Episode I)* sind ebenfalls nicht weit von Tozeur am Ufer eines Salzsees zu finden. In der Bergoase *Tamerza* entstand im Trockenflussbett des Oued el-Khanga eine der Schlüsselszenen von *Der Englische Patient*: der Showdown zwischen Graf Almásy und dem betrogenen Ehemann Clifton. „Katharine" Kristin Scott Thomas hat hier an einem Felsen ihre Initialen hinterlassen – man muss sie nur finden!

SZENE

▶▶ BLAUER DUNST

Rauchende Früchtchen

Die Wasserpfeife, *chicha* genannt, ist in Tunesien absolut in. Schmauchten früher nur ältere Herren ihr Pfeifchen im Café, sind *chichas* heute ein unverzichtbares Trendutensil der Szenelokale geworden. In Bars, Diskotheken und Lounges sprudeln Wasserpfeifen in allen Aromen. Besonders beliebt sind fruchtige Tabake wie Apfel oder Mango. Angesagte Chicha-Cafés: *La Rose des Sables* in Tunis *(5, Rue Djammaa ez-Zitouna)*, *Le Diwan* in Sfax *(Bab Diwan)*, *Café Ben Damech* in Houmt Souk/Djerba *(Place Moktar-Attia)*.

▶▶ SCHICKE SCHUHE

Pantoletten für Fashionistas

Babouches gehören zu den Basics arabischer Kleidung. Sie werden traditionell aus weichem Leder und ohne Absatz gefertigt und zum Kaftan getragen. Die moderne tunesische Damenversion ist todschick! Seiden- oder Lederpantoletten laufen neuerdings vorne spitz zu, klicken mit einem kleinen Absatz über die Straßen und glitzern perlenbestickt, stets passend zur aktuellen Mode! *Babouches* gibt es in allen Farben des Regenbogens in den Souks von Tunis und Sousse und in normalen Schuhgeschäften zu kaufen.

▶▶ IN-STYLE

Auf dem Catwalk

Der Preis des Designwettbewerbs *Khomsa d'Or* ist Tunesiens Ritterschlag für junge Modedesigner *(www.artisanat.nat.tn)*. 2007 bekam der Modemacher Sleem den begehrten Preis für seinen kühnen Mix aus Tradition, Fashion und knallbunten Farben. Der ebenfalls preisgekrönte Designer Salah Barka ist auch während der *Tunisia Fashion Week* vertreten *(www.tunisiafashionweek.com)* und macht nicht nur Mode für das französische Label *Stella Moda*, sondern entwirft Kostüme für Theater und Film.

▶▶ SOUSSE ODER IBIZA?

Neue Clubs machen die Nacht zum Tag

Tunesiens dynamischste Clubszene entwickelt sich entlang der Meerespromenade Corniche von Sousse nach Süden: House-Vibes gibts im *Living Samara* (Bd. du 7. Novembre, Tel. 22 02 00 20), Techno und Underground im *Bonaparte (Ave. Taieb Mhiri, Tel. 73 22 53 42)*, einem Club der ersten Stunde. Electro, Tek-House, Progressive, Underground und Tribal drehen sich im *Rediguana (Tel. 73 24 60 00)* in Port el-Kantaoui auf den Plattentellern. Das Nachtprogramm für Sousse liefert *www.soussebynight.com*.

▶▶ MEDINA-REVIVAL

Altstadt wird zur In-Location

Einst traditionelle Altstadt, heute angesagte Location für coole Cafés wie das *Essour (Rue Djammaa ez-Zitouna)* oder für Kunstgalerien, Jazzclubs, Intellektuellentreffs wie den Club *Tahar Haddad (Rue du Tribunal)* und Restaurants wie das *Chez Mouni (Rue des Tamis)*. Das Top-Event in der neu belebten Medina ist das *Festival de la Medina*. Alljährlich werden die prunkvollen Altstadtpaläste zum Schauplatz für Künstler, die Musik, Tanz und Sufizeremonien zeigen (im Ramadan, Programm kurz vorher auf der Internetseite des Fremdenverkehrsamts unter *www.tunesien.info*).

▶▶ SALZSEE-FUN

Geschwindigkeitsrausch

Ein Trendsport erobert Tunesien. Speedsailing nennt sich das rasante Vergnügen, bei dem man mit Landseglern über die Ebenen der ausgetrockneten Salzseen düst. Die schnellen Gefährte flitzen auf Rollen und dank Wind und Segel durch die Landschaft – der Pilot lenkt das Funsport-Vehikel im Sitzen. Besonders spektakulär geht das beispielsweise auf dem Salzsee Chott el Djerid beim Anbieter *Desert Evasion (Zone Touristique B.P. 9, Tozeur, Tel. 76 43 10 41)*.

▶▶ LATIN FEVER

Kuba-Feeling in Nordafrika

Die Jungs und Mädels aus La Marsa oder Nabeul beherrschen Mambo, Rumba & Co. ebenso gut wie ihre Kollegen aus Lateinamerika. Zum Salsatanzen trifft sich die Szene in Tunis freitags in der Brasserie des angesagten und sehr schicken Hotels *La Maison Blanche (45, Ave. Mohamed 5, Info bei Fayçal Tel. 98 22 19 40)*. In Sousse werden im *Le Banana's (Bd. du 7. Novembre, Tel. 22 02 00 20)* vor allem an den Wochenenden kubanische Cocktails geschlürft, im exotischen Ambiente des Clubs geht der Salsa-Schwung besonders gut von der Hüfte!

> VON ALKOHOL BIS SCHLEIER
Tunesien ist das modernste Land Nordafrikas,
zugleich aber auch tief in den Traditionen verwurzelt

ALKOHOL

Die meisten Tunesier sind pragmatische Muslime, und deshalb sehen sie das im Islam geltende Alkoholverbot nicht zu streng. In den Touristenhotels und in den meisten gehobenen Restaurants wird Alkohol ausgeschenkt. Aus Rücksicht auf das religiöse Empfinden Ihrer Gastgeber sollten Sie aber während des Fastenmonats Ramadan darauf verzichten, in der Öffentlichkeit Alkohol zu trinken.

BAUCHTANZ

Der Bauchtanz ist keine tunesische Tradition, sondern stammt aus Ägypten bzw. dem Nahen Osten. Nichtsdestoweniger sind Bauchtanzshows sehr beliebt und gute Tänzerinnen ebensolche Superstars wie berühmte Sänger oder Musiker. Die meisten

STICH WORTE

Hotels organisieren einmal in der Woche einen tunesischen Abend, zu dem auch der Auftritt einer Tänzerin gehört.

BERBER

Berber bildeten die Urbevölkerung des nördlichen Afrika; erst ab dem 7. Jh. wurden sie von den einwandernden arabischen Stämmen aus ihren angestammten Gebieten gedrängt. Die meisten leben auf Djerba und in den Höhlendörfern des Südens. Ebenfalls im Süden, um Douz und Tataouine, gibt es noch rein arabischstämmige Familien. Im Gegensatz zu den Arabern haben die Berber präislamische Glaubensvorstellungen bewahrt, die heute als Aberglaube angesehen werden, so die Angst vor dem bösen Blick oder der Glaube an besondere Heilkräfte von Amuletten.

HABIB BOURGUIBA

Der Rechtsanwalt Habib Bourguiba (1904–2000) war der führende Widerstandskämpfer gegen die französische Kolonialherrschaft und nach der Unabhängigkeit von 1956 bis 1987 Staatspräsident. Der moderne, aufgeklärte Politiker wandelte sich mit zunehmendem Alter zu einem despotischen Alleinherrscher, der seine Untertanen bespitzeln ließ und jegliche Opposition erstickte. 1987 wurde er von seinem Vize- und jetzigem Ministerpräsidenten Zine el-Abidine Ben Ali abgesetzt.

FRAUEN

Ganz gleich, ob traditionell mit Schleier oder nach der jüngsten Pariser Mode gekleidet – tunesische Frauen sind sehr selbstbewusst. Die Verfassung sieht sie als gleichberechtigt und selbstbestimmt. Ein Viertel der Berufstätigen sind Frauen, ebenfalls ein Viertel der Parlamentsabgeordneten (1989 waren es nur 4 Prozent).

HAMMAM

Das Dampfbad, Hammam, ist eine der angenehmsten Wellnesserrungenschaften der islamischen Kultur und eine wichtiger Treffpunkt, vor allem für traditionell lebende Frauen. Im Hammam plaudern sie mit Nachbarinnen und Freundinnen, tauschen Neuigkeiten aus, knüpfen Kontakte. Traditionelle Hammams sind meist recht einfach und nicht unbedingt auf europäische Besucher eingestellt. Aber es gibt mittlerweile auch luxu-riösere Dampfbäder, zum Beispiel in vielen Hotels.

ISLAM

„Es gibt keinen Gott außer Allah, und Mohammed ist sein Prophet" – dieser Ruf zum Gebet erschallt fünfmal täglich von den Minaretten. Der Islam wurde im 6. Jh. im heute saudischen Mekka begründet. Der Kaufmann Mohammed (etwa 570–632) empfing in mehreren Offenbarungen Allahs Worte, die er im heiligen Buch des Koran niederschrieb. Fünf Säulen sind Grundlage eines gottgefälligen Lebens: die Bekenntnis zum alleinigen Gott, das tägliche Gebet, das Fasten im Monat Ramadan, die Pilgerfahrt nach Mekka und das Almosengeben. Die meisten tunesischen Muslime halten die Regeln ein, lehnen aber jede Art von religiösem Fanatismus ab.

ISLAMISTEN

Radikale Islamisten gibt es zwar, aber sie werden streng observiert. Religiöse Parteien sind verboten; die größte fundamentalistische Bewegung wird überwacht, ihre Anführer sitzen im Gefängnis oder im Exil. Die Freitagspredigten der Imame werden zensiert. Trotz der staatlichen Kontrolle gelang einem Fanatiker 2002 ein Attentat auf die Synagoge La Ghriba auf Djerba.

JASMIN

Jasmin ist die tunesische Nationalblume; ihre Sträucher wachsen in fast allen Teilen des Landes. Die Blüten werden zu Sträußchen gebunden und von Straßenverkäufern angeboten. Die Männer tragen diese Minibouquets beim Bummeln kokett hinters Ohr gesteckt.

KSAR UND KASBAH

Ksar, Mehrzahl Ksour, ist das Berberwort für eine Festung, in der in Kriegszeiten die Menschen aus den umliegenden Dörfern Schutz suchen konnten. Häufig wurden in einem Ksar auch die Vorräte und Wertsachen aufbewahrt, zumeist in den Ghorfas, wie in Bienenwaben aufeinandergestapelte Zellen mit Tonnengewölbe. Im Ksar wurde häufig auch Wochenmarkt gehalten, und der Ältestenrat versammelte sich darin, um

Recht zu sprechen. Das arabische Kasbah bedeutet ebenfalls Burg, bezeichnet in Tunesien aber meist die Festung zum militärischen Schutz einer Stadt.

KUNST

Als Sternstunde des Expressionismus gilt die Reise der Maler August Macke, Paul Klee und Louis Mouillet 1914 nach Tunesien. Viele berühmte Bilder entstanden dabei, darunter August Mackes „Blick auf eine Moschee" in Sidi Bou Saïd. Der malerische Ort hoch über der Bucht von Tunis ist Mittelpunkt der Malerszene mit zahlreichen Galerien. Bekannte tunesische Maler sind Ammar Farhat und Yahia Turki, Begründer der *École de Tunis* und Verfechter der abstrakten Malerei.

Ein Ksar, eine Speicherburg, besteht aus Hunderten von Vorratskammern

MARABOUT

Marabout bedeutet zweierlei: einen wegen seiner Religiosität von den Menschen verehrten Mann (evtl. auch eine Frau) und zugleich das mit einer Kuppel gekrönte Grabmal, das ihm errichtet wurde. Ein Marabout besitzt *baraka*, eine von Allah verliehene Kraft, von der angenommen wird, dass sie heilen oder gar Wunder wirken kann. Diese Kraft besteht auch nach dem Tod des Marabout weiter, weshalb die Gläubigen zu seinem Grabmal pilgern, um daran teilzuhaben.

MOSCHEE

In Kairouan steht die älteste Moschee Nordafrikas; ein Gefährte des Propheten hat sie im 7. Jh. gegründet. Die meisten älteren muslimischen Gotteshäuser in Tunesien sind nach dem Vorbild dieser Großen Moschee als Hofmoscheen erbaut. Sie bestehen aus dem Gebetssaal und einem großen, von schattigen Arkaden umgebenen Hof mit einem Minarett, das ursprünglich wohl auch als Wachturm diente. Säulen gliedern den Gebetssaal in mehrere Schiffe, die auf die nach Mekka gerichtete Kiblawand mit der Mihrabnische zulaufen. Sie geben die korrekte Gebetsrichtung an. Vom Predigtstuhl Minbar spricht der Vorsteher der Moschee, der Imam, die Freitagspredigt. Moscheen sollen eigentlich stets für die Gläubigen zugänglich sein; in Tunesien werden sie aus Angst vor islamistischer Propaganda im Gotteshaus nur zu den Gebeten geöffnet. Nichtmuslime dürfen nur den Innenhof einiger touristisch interessanter Moscheen betreten.

MUSIK

Die schönste tunesische Musikform, der *maalouf*, ist eine glückliche Verbindung arabischer und andalusischer Liedtraditionen. Es ist eine sanfte, klagende Musik, gespielt von einem kleinen Orchester und garniert mit virtuosen Arabesken des Soloinstruments, der Laute *oud*. Berühmtester Maaloufinterpret ist Anouar Brahem, der auch internationale Konzertsäle füllt.

POLITIK UND WIRTSCHAFT

Tunesien ist auf dem Papier eine Demokratie, de facto aber ein Einparteienstaat, denn die Regierungspartei RCD *(Rassemblement Constitutionel Démocratique)* versammelt bei Wahlen regelmäßig über 80 Prozent der Stimmen, während die zersplitterte Opposition durch des Präsidenten Gnaden auf einigen geschenkten Parlamentssitzen das demokratische Feigenblatt spielt. Ministerpräsident Zine el-Abidine Ben Ali hat die staatlich gelenkte Wirtschaft liberalisiert und das Land mit großem Erfolg international wettbewerbsfähig gemacht. Allerdings bleibt die große Zahl arbeitsloser Jugendlicher ein unbewältigtes Problem. Nach innen schätzt Ben Ali die Politik der harten Hand, weshalb Tunesien regelmäßig in Amnesty-International-Berichten über Polizeiwillkür und Folter auftaucht.

RAMADAN

Das vierwöchige Fasten im Ramadan stellt Muslime vor eine harte Belastungsprobe. Tagsüber wird absolute Enthaltsamkeit erwartet; sobald aber die Muezzins nach Sonnenuntergang das Fastenbrechen verkünden, darf das Verpasste nachgeholt werden.

SCHLEIER

Das Haare, Hals und Schultern verhüllende Kopftuch trugen früher hauptsächlich ältere Damen oder Frauen in ländlichen Regionen; heute sieht man auch viele junge Mädchen damit. Gelegentlich kann man den Eindruck gewinnen, es gäbe nichts

Vom Minarett werden die gläubigen Muslime zum Gebet gerufen

Folglich sind die Fastenden am Tag ziemlich müde und angeschlagen, während die Nächte des Ramadan zu den aufregendsten des Jahres gehören. Die Menschen strömen in die Souks, kaufen ein, gehen Essen oder besuchen Freunde. In der Medina von Tunis findet in dieser Zeit ein hochkarätig besetztes Kulturfestival mit Konzerten, Lesungen, Theater und Tanz statt.

Modischeres als dieses doch eigentlich das Gegenteil beabsichtigende Accessoire. Die Staatsgewalt allerdings sieht im Schleier eine Bekenntnis zu islamistischem Gedankengut. Mit Berufung auf einen bislang nie durchgesetzten Erlass, der das Tragen eines Schleiers in der Öffentlichkeit verbietet, zwang die Polizei in letzter Zeit Frauen in mehreren Großstädten, den Schleier abzulegen.

FESTE AUS TAUSENDUNDEINER NACHT

Sperber, Dromedare und eine „Goldene Tanit"

> Reizvolle Folklorefestivals, anspruchsvolle Musik- und Filmfeste, bunte Erntedankfeiern und die traditionellen islamischen Festtage bieten Unterhaltung, Anregung oder Besinnung für jeden Geschmack. Die genauen Termine erfahren Sie beim tunesischen Fremdenverkehrsamt *(www.tunesien.info)*.

STAATLICHE FEIERTAGE

1. Jan. *Neujahr;* **20. März** *Unabhängigkeitstag;* **21. März** *Tag der Jugend;* **9. April** *Tag der Märtyrer;* **1. Mai** *Tag der Arbeit;* **25. Juli** *Tag der Republik;* **13. Aug.** *Tag der Frau;* **7. Nov.** *Tag der Jasminrevolution*

RELIGIÖSE FEIERTAGE

Rass el-Aim *Neujahr* (29. Dez. 2008); **Mouloud** *Geburtstag des Propheten Mohammed* (9. März 2009); **Ramadan** *Fastenmonat* (Beginn 1. Sept. 2008, 22. Aug. 2009); **Aïd es-Seghir** *Fastenbrechen* (1. Okt. 2008, 2. Sept. 2009); **Aïd el-Kebir** *Opferfest* (8. Dez. 2008, 27. Nov. 2009)

FESTIVALS

Januar–März
Festival der Ksour in Tataouine: Berberische und arabische Musik- und Tanzgruppen aus Marokko und den Nachbarländern zeigen ihre Traditionen vor der mächtigen Kulisse der alten Ksarburgen südlich von Tataouine.

April/Mai
Festival der Blüte, Nabeul: Ende April/Anfang Mai können Sie zusehen, wie die kostbaren Duftessenzen aus Orangen-, Jasmin- und Geranienblüten gewonnen werden.

Juni
Falkenfestival, El-Haouaira/Cap Bon: Im Juni treffen sich die Falkner und lassen ihre Vögel die schönsten Kunststücke vollführen.

Juli
Internationales Jazzfestival, Tabarka: Anfang Juli machen die Größen der

> EVENTS
FESTE & MEHR

Jazzszene in Tabarka eine Woche lang die Nacht zum Tag.

Insider Tipp *Maalouf Festival, Testour:* Dieses völlig untouristische Festival versammelt in der zweiten Julihälfte die besten Maaloufmusiker Nordafrikas zur Improvisation in einem Café.

Juli/August

Festival d'Aoussou, Sousse: einem Marabout gewidmetes Fest mit malerischen Prozessionen (Ende Juli/ Anfang August)

Internationales Festival Carthage: Mitte Juli bis Mitte August füllen Konzerte, Theateraufführungen, Tanz und Film das römische Theater von Karthago mit Leben *(www.festival-carthage.com.tn)*.

Internationales Festival Hammamet: Von Mitte Juli bis Mitte August treten im Centre Culturel Folkloregruppen, klassische Orchester und einheimische wie internationale Stars auf.

August

Fête de la Kharja, Sidi Bou Saïd: Das Fest am zweiten Augustwochenende gilt dem Marabout Sidi Bou Saïd. Sein Grab ist Ziel religiöser Prozessionen.

November

Internationales Festival des arabischen Films, Carthage: Jeden November in geraden Jahren treten die besten Filme arabischer Regisseure zur Konkurrenz um die „Goldene Tanit" (eigtl. Tinnit, Hauptgöttin von Karthago) an.

Dattelfestival, Tozeur und Kebili: Ende November ist die Ernte eingebracht, und die Oasenstädtchen des Djerid feiern mit Folkloreprogramm und bunten Umzügen.

Dezember

Insider Tipp *Saharafestival in Douz:* Ende Dezember steigt das actionreiche Spektakel am Fuß der großen Dünen von Douz: Kamel- und Pferderennen, Nomadenhochzeit und Windhundjagden versammeln Sesshafte und Nomaden.

> ORIENTKÜCHE FÜR EINSTEIGER

Aromatische Kräuter und die scharfe
Harissa geben tunesischen Gerichten den letzten Pfiff

> Eines gleich vorweg: Auch wenn mittlerweile fast alle Hotels zumindest an einem sogenannten tunesischen Abend in der Woche einheimische Gerichte servieren, sollten Sie sich ab und an aus dem Speisesaal hinaus und in ein richtiges tunesisches Restaurant hinein wagen. Denn wer nur die auf den europäischen Gaumen abgestimmte und deshalb zumeist eher gewürz- und reizarme Hotelkost kennt, hat keine Ahnung von den wahren Genüssen tunesischer Küche.

Die in diesem Reiseführer empfohlenen Restaurants gehören fast alle zur gehobenen Kategorie. Verzichten Sie aber vorsichtshalber besser auf Speisen, die nicht wirklich gekocht sind, also auf Salat oder halb gares Fleisch bzw. Fisch. Es ist auch gar nicht nötig, denn die tunesische Küche kennt viele gegarte Köstlichkeiten, ja sogar einen delikaten Salat aus gebratenem Gemüse, *salade mechouia*.

> *www.marcopolo.de/tunesien*

ESSEN & TRINKEN

Harissa, eine scharfe rote Gewürz-paste, ist die wichtigste Zutat tunesi-scher Kochkünstler, dazu gesellen sich Gewürze und Kräuter wie Kurkuma, Koriander, Kümmel, Safran, roter Pfeffer und Minze; Kapern und Oliven geben vielen Gerichten eine besondere aromatische Note, und fast immer gehören auch Knoblauch, Paprika und Tomaten dazu. Kichererbsen spielen als Beilage eine tragende Rolle, der König aber ist Hartweizen-grieß, arabisch Couscous. Die Zubereitung dieses vielseitigen Gerichts, das mit Gemüse- und Fleischsauce, aber auch mit Meeresfrüchten und Fisch serviert wird, ist ziemlich langwierig. Deshalb bekommen Sie Couscous in Restaurants meist nur auf Vorbestellung.

Muslimen gilt Schweinefleisch als unrein; Sie werden es nur in Hotel-restaurants bekommen, wo man es den Gästen zuliebe zubereitet. Lamm ist der wichtigste Fleischlieferant, gefolgt von Rind und Kalb. Im Süden des Landes kann auch einmal Kamelfleisch auf der Karte stehen – es ist durchaus schmackhaft. Geflügel wie Hühnchen, Pute und sogar Strauß finden Sie ebenfalls häufig auf der Karte.

Groß ist das Fischangebot, wobei *thon,* Thunfisch, an erster Stelle steht. Goldbrasse *(daurade)* und Seewolf *(loup de mer)* bereiten besonders die Restaurants an der Küste ebenfalls zu. Von Muscheln sollten Sie allerdings besser die Finger lassen, wenn deren unbedenkliche Her-

> SPEZIALITÄTEN
Genießen Sie die typisch tunesische Küche!

baklava – feine, mit Rosinen und gemahlenen Nüssen gefüllte Blätterteigschnitten; schmecken nur dann richtig gut, wenn sie ausgiebig in Honig- oder Zuckerwasser ziehen durften (Foto).

brik – ein vielseitiges Gericht, das je nach Füllung immer wieder anders schmeckt. Klassiker ist *brik au thon,* mit Thunfisch, Petersilie, Kapern, Zwiebeln und einem rohen Ei gefüllter Blätterteig, der in heißem Fett frittiert wird.

chorba – die Suppe aus Lammfleisch und vielen feinen Gewürzen heißt so nach ihrer Einlage, kleinen, wie Reiskörner geformten Nudeln.

doigts de Fatima – Blätterteig wird zu einer langen, schmalen Tüte gedreht

und wahlweise mit Käse, Thunfisch, Hühnchen und Ei gefüllt und frittiert.

harissa – scharfe rote Paprika und Olivenöl bilden die Grundlage der Universalwürzpaste, die dann mit Knoblauch, Kümmel, evtl. auch Petersilie, verfeinert wird.

Kebab – eine Art Lammgulasch, fein gewürzt mit Zitrone und frischer Petersilie

lablabi – Kichererbsensuppe, wird traditionell im Winter gegessen: Gewürzt ist sie mit Knoblauch und einer großzügigen Portion *harissa.*

makhroud – süße Spezialität aus Kairouan: frittierte, mit Datteln gefüllte Grießplätzchen

méchoui – so heißt jedes auf dem Holzkohlengrill zubereitete Fleisch; meist handelt es sich um Lamm.

méchouia – gegrillte Tomaten, Paprikaschoten und Knoblauch verbinden sich mit Thunfisch, Oliven, Kapern und einem hart gekochten Ei.

merguez – kleine, scharfe, mit viel Knoblauch gewürzte Lammfleischwürstchen

mosli – kross gebackene Lammkeule mit Kartoffeln und Peperoni

tajine – anders als der gleichnamige Schmortopf aus Marokko ist die tunesische *tajine* ein mit Lammfleisch und Käse gefüllter, pikanter Auflauf.

kunft und Frische nicht zweifelsfrei geklärt sind.

Für den kleinen Hunger zwischendurch haben die Tunesier das *brik* erfunden. Sie können die mit Hackfleisch oder Thunfisch und einem noch halb rohen Ei gefüllte und frittierte Blätterteigtasche an Straßenständen kaufen. Dort wird häufig auch *cassecroute* angeboten, Weißbrotsandwich mit *harissa,* Thunfisch und Salat, – und wegen letzterem nicht unbedenklich. Auch Pizza können Sie in den meisten touristischen Orten bekommen – kross gebacken, aber manchmal ziemlich scharf gewürzt.

Ein Fest für die Sinne ist die Dessertkarte bzw. das Nachspeisenbüfett im Hotel. Hier fahren die Köche authentische Kalorienbomben aus heimischer Produktion auf, jede Rücksicht auf europäische Gewohnheiten und Pölsterchen vergessend. Dennoch mit Erfolg! *Baklava, makhroud* und mit Pistazien gefüllte Datteln finden reißenden Absatz.

Tunesische Mineralwasser heißen *Safia* oder *Aïn Garci,* sind mit Kohlensäure versetzt und ausgesprochen wohlschmeckend. Daneben gibt es stilles Wasser und Softdrinks. Leitungswasser sollten Sie keinesfalls trinken und auch auf Eiswürfel in Ihrem Drink verzichten – erstens, weil sie aus Leitungswasser hergestellt werden, und zweitens, weil eiskalte Getränke häufiger für Magen- und Darmprobleme verantwortlich sind als schlechtes Essen.

In Tunesien wird Bier *(Celtia)* gebraut und Wein gekeltert. Tropfen von hoher Qualität sind beispielsweise die weißen *Muscat de Keltbia*

Kleine Erfrischung gefällig?

und *Ugni Blanc* sowie die roten *Châteaux Mornag* und *Magon Rouge.* Zum Abschluss eines frugalen Mahls beruhigt ein *boukha,* ein Feigenschnaps, den Magen. Alternativ können Sie auch einen *thé à la menthe,* einen Pfefferminztee, wählen, in dem manchmal einige Pistazienkerne schwimmen. Er ist ebenso wohltuend.

Sie werden wohl kaum in die Verlegenheit kommen, das Essen, wie traditionell noch in ländlichen Regionen üblich, aus einer großen, gemeinsamen Schale mit der rechten Hand bzw. einem Stück Brot zu fischen. Sollten Sie doch zu einem solchen Mahl eingeladen werden, dann denken Sie daran, nie die linke Hand zur Hilfe zu nehmen. Sie gilt als unrein und hat im Essen nichts zu suchen.

TEPPICHE, KERAMIK UND GEWÜRZE
Souvenirs für jeden Geldbeutel

> Lederkamele, Messingkannen, Keramikvasen und Seidenkaftane – was ist davon typisch tunesisch? Ehrlich gesagt: nichts. Wenn Sie etwas kaufen möchten, das nicht ausschließlich für den Touristengeschmack angefertigt wurde, bringen Sie etwas Geduld und viel Lust am Stöbern mit. Denn es gibt durchaus schöne, praktische Dinge zu entdecken, so die schlichte braune oder halb grün, halb gelb lasierte Töpferware, die irgendwo im Hintergrund des Ladens auf zumeist einheimische Käufer wartet.

DEKORATIVE KERAMIK
Grün und gelb wie die beiden großen Landschaftsräume Tunesiens, der fruchtbare Norden und die menschenfeindliche Wüste, sind die traditionellen Schalen und Platten für das Nationalgericht Couscous. Angesichts der Flut von Vasen, Schalen und Dekortellern mit üppigen floralen Mustern in den Auslagen der Keramikläden fällt diese schlichte und formschöne Keramik kaum ins Auge. Aber wenn Sie etwas Besonderes kaufen

möchten, lohnt es sich, gezielt danach zu suchen.

FILIGRANE GLASKUNST
Die Kunst der Glasbläserei hat die Tunesierin Sadika Keskes wiederbelebt und mit europäischen Techniken bereichert. Die Vasen, Gläser, Ampeln und Schalen in ihrem Atelier in Gammarth sind von außergewöhnlicher Schönheit und Originalität. Wenn Sie nicht nach Gammarth kommen: Sadikas Glaskunst finden Sie auch in guten Souvenirgeschäften oder Hotelboutiquen.

FRUCHTIG ODER FEURIG
Wie viel einfacher ist es doch, ein paar Gewürze oder Duftessenzen mitzunehmen: Im Gewürzsouk warten Kurkuma, scharfes Paprika, Kardamon, Minze, Orangen- und Rosenwasser auf Käufer. Und *harissa,* die scharfe Würzpaste in Tube oder Dose, gibts in jedem Lebensmittelladen zu kaufen.

> EINKAUFEN

GEWEBT ODER GEKNÜPFT

Teppiche braucht jeder Haushalt und jedes Nomadenzelt: Knüpfteppiche kommen aus Kairouan, Webteppiche, *killims,* aus dem Süden. Mit der Konkurrenz aus dem Mittleren Osten sind beide nicht vergleichbar. Die Knüpfteppiche haben eine gröbere Knotenstruktur als klassische Perser; gute Qualität beginnt bei 40 000 Knoten/m^2 und reicht bis 160 000; die Muster sind türkisch-orientalisch inspiriert. Der Staat prüft jeden Teppich, vergibt ein Zertifikat und einen empfohlenen Verkaufspreis. Über den können Sie durchaus noch verhandeln; mehr als 10 Prozent Nachlass sind aber meist nicht drin. Bekanntester Webteppich ist der *mergoum* aus der Region um Gabès. Er trägt geometrische Muster aus Linien und Dreiecken, oft auch stilisierte Symbole wie Eidechse, Fisch und Hand der Fatima gegen den bösen Blick, und ist in einer Grundfarbe und ein bis zwei Zierfarben gehalten. Auch Webteppiche werden staatlich zertifiziert und mit Preisempfehlung versehen.

In den großen Teppichläden werden Sie mit Minztee bewirtet und mit einer überbordenden Auswahl von Teppichen konfrontiert. Nicht ablenken oder verwirren lassen und hart verhandeln, lautet das Gebot der Stunde. Die meisten Händler übernehmen den Versand nach Mitteleuropa, doch sollten Sie darauf achten, dass auch wirklich Ihr Teppich verpackt und versandfertig gemacht wird.

SILBERNES SCHUTZSYMBOL

Auffälligen Silberschmuck tragen viele Tunesierinnen, um den bösen Blick, Unheil oder Krankheiten abzuwehren. Die beliebte „Hand der Fatima", ein Anhänger in Form eines Fisches oder ein stilisiertes Auge aus Silber – sie alle haben eine schützende Funktion und sehen ungemein dekorativ aus. Tunesischer Goldschmuck hingegen wirkt eher konventionell und altmodisch.

> TUNESIEN MEDITERRAN

An der Nordküste genossen Karthager und Römer das Leben.
Heute säumen Traumstrände und reizvolle Feriengebiete die Küste

> Rund um die Hauptstadt Tunis zeigt sich Nordtunesien in kräftigen Farben und Düften: Eichen und Kiefern säumen die Korallenküste, Bougainvillea und Hibiskus gießen ihre Blütenkaskaden über weiße Mauern lebhafter Hafenstädtchen, und in Tunis selbst schwingt sich der Duft unzähliger Jasminsträußchen über die Alltagsgerüche der Stadt.

Tempel und Thermen erzählen von der mehr als dreitausendjährigen Geschichte dieser Region, in der sich Europa und Afrika zumeist friedlich begegneten.

BIZERTE

[114 B1] Bizerte (120 000 Ew.) hat drei Gesichter: das moderne einer von Raffinerie und Wohnblocks geprägten Hafenstadt, das touristische entlang der Meerespromenade Corniche, die einen schmalen, feinen Sandstrand säumt, und das romantische der nahezu intakten Medina.

Bild: Sidi Bou Saïd

NORD TUNESIEN

Bereits um 1000 v. Chr. gründeten Phöniziern hier eine Niederlassung. Die Lage war ideal: ein geschützter Hafen am nördlichsten Punkt Nordafrikas, Sizilien direkt gegenüber. Die arabischen Eroberer bauten den Ort zur Festung aus. Später besetzten Spanier und Osmanen die Kasbah, Freibeuter nisteten sich ein, und zuletzt errichteten die Franzosen eine Marinebasis, wegen der es nach der Unabhängigkeit Tunesiens 1961 zur

Bizertekrise kam. Bei Demonstrationen wurden über 1000 Tunesier von französischem Militär erschossen.

■ SEHENSWERTES ■

KASBAH

Die in byzantinischer Zeit erbaute und im 17. Jh. erweiterte Festungsanlage nördlich des alten Hafens ist zugleich das älteste Wohnviertel von Bizerte. Im Schutz der Mauern breitet sich ein Labyrinth von Gassen

BIZERTE

Blick auf den Hafen von Bizerte

> www.marcopolo.de/tunesien

und Sackgassen aus. Den besten Überblick haben Sie von der *Insider Tipp* ☀ Festungsmauer, *remparts,* auf die Sie vom Hafen aus hinaufsteigen können. *Juli/Aug. tgl. 9–12.30 und 16–24, Sept.–Juni Mo 15–19, Di–So 9–12 und 15–19 Uhr | 0,5 TND*

VIEUX PORT ⭐
Ein Idyll im Herzen der Altstadt: Die Mauern der Kasbah und des gegenüberliegenden Forts el-Hani bilden einen schützenden Wall um das Hafenbecken, bunt bemalte Boote dümpeln am Kai. Gegen Abend füllen sich die Cafés, Wasserpfeifen werden bereitgestellt und Teekessel angeworfen, während die Fischer mit ihren bunt beleuchteten Booten zum nächtlichen Fang hinausfahren.

◼ ESSEN & TRINKEN ◼
LE PETIT MOUSSE
Das Restaurant ist eine kleine französische Enklave mit offenem Kamin und Klassikern wie *steak au poivre. Route de la Corniche | Tel. 72 43 21 85 | kein Ruhetag | €€€*

SPORT NAUTIQUE
Das Restaurant zwischen altem und neuem Yachthafen wirkt sehr kühl, überzeugt aber mit bester Fischküche und frischen Austern. *Quai Tarak ibn Ziad | Tel. 72 43 22 62 | im Ramadan geschlossen | €€*

◼ EINKAUFEN ◼
OFFICE NATIONAL DE L'ARTISANAT
Die staatliche Verkaufsausstellung am alten Hafen bietet einen Überblick über das Kunsthandwerk; Verkauf zu Festpreisen. *Fr nachmittags und Sa/So geschlossen*

◼ ÜBERNACHTEN ◼
BIZERTA RESORT
Das moderne Strandhotel an der Corniche ist mit Pool, Fitnessraum und Hammam auch für kühle Tage gewappnet. Phantastisches Frühstücks- und Abendbüfett. *100 Zi. | Route de la Corniche | Tel. 72436966 | Fax 72 42 29 55 | www.bizertaresort.com | €€€*

◼ AM ABEND ◼
Beliebter Treffpunkt sind die Cafés ums Hafenbecken; Diskos in den Hotels der Corniche am Wochenende.

◼ AUSKUNFT ◼
OFFICE DE TOURISME
Quai Khemais Ternane | Tel. 72 43 28 97 | Fax 72 43 86 00

■ ZIELE IN DER UMGEBUNG ■

CAP SERRAT   [113 D1]

Von der Straße in Richtung Tabarka gehts nach etwa 70 km bei Sejenane rechts ab zum Cap Serrat. Zu Füßen des Leuchtturms erstreckt sich ein herrlicher Sandstrand, den im Sommer zahlreiche Tunesier auch als Campingplatz nutzen; Duschen und Toiletten sind vorhanden. Hier lässt sich authentisches Familienleben à la tunisienne erleben: Großfamilien picknicken am Strand, komplett bekleidete Damen unternehmen vorsichtige Vorstöße ins Wasser, und die männliche Jugend liefert sich Fußballduelle.

LAC ICHKEUL   [114 A–B1]

30 km südlich von Bizerte breitet sich bei Tindja das Sumpfgebiet des Lac Ichkeul am Fuß des Djebel Ichkeul aus. Die Unesco hat See und Berg zum Welterbe erklärt, denn sie sind eine wichtige Station der Zugvögel; Hunderttausende überwintern hier, weitere gesellen sich während des Vogelzugs für eine kurze Rast hinzu. Vom kleinen *Écomusée,* dem Ökomuseum auf einem steilen Hügel, können Sie den Panoramablick über den See genießen und vielleicht einen Wasserbüffel erspähen. *Tgl. 8–17 Uhr | Eintritt frei*

HAMMAMET

[115 E4] **Helle Sandstrände umschmeicheln die Küstenlinie des Golfs von Hammamet, verspielt-orientalische Fassaden und Kuppen zahlloser Hotels lugen zwischen Palmen hervor, blau-weiße Touristenbähnchen ziehen ihre Bahn zwischen Medina und den Zônes Touristiques genannten Hotelzonen. Das einstmals gefürchtete Piratennest Hammamet**

MARCO POLO HIGHLIGHTS

★ **Vieux Port**
Malerisches Idyll in der Altstadt von Bizerte (Seite 32)

★ **Bulla Regia**
Unterirdische Villen mit prunkvollen Mosaikböden (Seite 40)

★ **Djammaa ez-Zitouna**
Früher berühmte Hochschule, heute das bedeutendste Gotteshaus in Tunis (Seite 43)

★ **Musée National du Bardo**
Römischer Alltag und Mythologie, verewigt in Mosaiken (Seite 44)

★ **Tophet**
Geheimnisvoller Opferplatz mit Tausenden von punischen Grabstelen (Seite 49)

★ **Thermes d'Antonin**
Wellness im römischen Reich (Seite 49)

★ **Musée National de Carthage**
Auf den Spuren des geheimnisvollen Karthago (Seite 49)

★ **Sidi Bou Saïd**
Ein Städtchen in Blau und Weiß (Seite 50)

HAMMAMET

(70 000 Ew.) ist eines der größten Touristenzentren Tunesiens. Sein feinsandiger Strand erstreckt sich viele Kilometer nach Norden und Süden; vielfältige Sportmöglichkeiten, vom Tretbootfahren über Windsurfen bis zum Dromedarreiten, sorgen für die Unterhaltung der Feriengäste. Das alte, mauergeschützte Städtchen ist zwischen Neustadt und den Hotelzonen *Nord, Sud* und *Yasmine* kaum noch auszumachen.

■ SEHENSWERTES ■

CENTRE CULTUREL INTERNATIONAL DAR SEBASTIAN

Mit dem rumänischen Millionär Georg Sebastian begann 1926 Hammamets Aufstieg zum Seebad, damals allerdings nur für die bessere Gesellschaft. In seiner elegant eingerichteten Villa empfing er Hautevolee und Intellektuelle wie André Gide, Coco Chanel und Winston Churchill. Eingebettet in einen üppigen Garten, ist das Anwesen heute noch Anzie-hungspunkt für Künstler, wenn das *Festival International d'Hammamet* stattfindet. *97, Avenue des Nations Unies | tgl. 8–18 Uhr | 2 TND*

DAR HAMMAMET

Das Museum zeigt traditionelle Trachten und Kleidung, darunter die sieben Roben, die eine Braut während der sieben Tage dauernden Hochzeit trägt. *Medina | tgl. 8–18 Uhr | 1,5 TND*

MEDINA

Zwei tiefe Tordurchgänge führen durch die Stadtmauer in die Medina mit zahlreichen Souvenirgeschäften im Umfeld der Kasbah. Eine schlichte Moschee und Wohnhäuser mit dekorativen Holzportalen säumen die schmalen Gassen. Die ✤ Kasbah bietet Ihnen einen schönen Blick über die Dachterrassen der Medinahäuser und über die Bucht; ein maurisches Café im höchsten Turm serviert Mokka

Der feine Sandstrand von Hammamet lockt unzählige Feriengäste an

und Erfrischungsgetränke. *Tgl. 8–18 Uhr | 3 TND*

MEDINA MÉDITERRANEA

Die künstliche Medina ist Mittelpunkt der Hotelzone Hammamet-Yasmine südlich der Stadt; ein hübsches Konglomerat der schönsten tunesischen Altstadtecken von Tunis bis Tozeur wurde hier nachgebaut. Restaurants und Cafés sorgen fürs leibliche Wohl, eine Vielzahl an Läden für Einkaufsvergnügen.

■ ESSEN & TRINKEN

ANGOLO VERDE

Der Trenditaliener in Hammamet, besonders an Wochenenden gern besucht; gute Pizzas und Pasta. *2 | Avenue de la République | Tel. 72 28 00 73 | kein Ruhetag | €€*

CHEZ ACHOUR

Beliebt wegen der Panoramaterrasse, doch auch im mit Teppichen und Schnitzereien dekorierten Innern schmecken Lamm und Fisch vom Grill. *Rue Ali-Belhaouane | Tel. 72 28 01 40 | kein Ruhetag | €€*

LE MAREVA

Die Provence zu Besuch in Hammamet-Yasmine: In südfranzösischem Ambiente zeigt die Küche ihre Stärken sowohl bei mediterranen als auch bei köstlichen tunesischen Gerichten. *Marina | Tel. 72 24 12 44 | kein Ruhetag | €€€*

RESTO VERT ▶▶

Minirestaurant und Café mit großer Snackauswahl (*briks*, Omeletts, Sandwiches) und Pasta. *Avenue de la Republique | kein Ruhetag | €*

■ EINKAUFEN

ESPACE 33 ▶▶

Insider Tipp

Die Kunstgalerie in der Medina zeigt sehr dekorative und erschwingliche Arbeiten zweier Künstler, die mit präislamischen Symbolen und Mythen spielen. *Rue M Attouchi*

FELLA

Die Boutique der berühmten tunesischen Designerin Samia Ben Khalifa

Traditionelle Kleidung im Dar Hammamet

verkauft wunderschöne Kaftane, Blusen und Schmuck. *Medina*

■ ÜBERNACHTEN

BEL AZUR THALASSA

Vorteil des Mittelklassehotels mit Bungalows in einem schönen Park ist die Lage nicht weit von Hammamet entfernt. Günstiges Thalassopaket im

HAMMAMET

Kleine Pause nach dem Medinarundgang: Café an der Stadtmauer

nahen Wellnesscenter. *320 Zi. | Hammamet-Nord | Tel. 72 28 05 44 | Fax 72 28 02 75 |* www.tunisia-orangers.com *| €€*

DAR HAYET

Mit fünf Sternen deutlich überdekoriert, aber das einzige kleinere Hotel mit gutem Standard; die Lage am Strand ist unübertroffen. *50 Zi. | Rue Akaba | Tel. 72 28 33 99 | Fax 72 28 04 24 |* www.darhayet.com *| €€€*

HASDRUBAL THALASSA & SPA

Der Wellnesstempel in Hammamet-Yasmine, wunderschön und ruhig gelegen und mit allem Komfort gesegnet. Pensionsgäste können zwischen drei Restaurants wählen. Der Clou ist der 5500 m^2 große Wellnessbereich mit Meerwasserpools, Massagen, Thalasso, Hammam, Sauna, Fitness und Aerobic sowie Schönheitspflege. *200 Suiten | Tel. 72 24 40 00 | Fax 72 24 49 25 |* www.hasdrubal-hotel.com *| €€€*

■ FREIZEIT & SPORT ■

GOLF

Es gibt zwei Golfplätze: *Golf Citrus* mit zweimal 18-Loch *(Tel. 72 22 65 00 |* www.golfcitrus.com*)* und den besonders schön gelegenen *Golf Yasmine (18-Loch | Tel. 72 22 70 01 |* www.golfyasmine.com*)*. Auf beiden Plätzen sind Gastspieler willkommen.

■ AM ABEND ■

BUENA VISTA SOCIAL CLUB ▶▶

Die Salsa hat auch Tunesien erobert; in dieser Diskothek und Tapabar (auch als *Havanna* bekannt) werden die Hüften geschwungen und Pirouetten gedreht. Tgl. ab etwa 22 Uhr Tanz, davor legere Baratmosphäre. *Avenue de la Paix in Hammamet-Sud*

CALYPSO LA MAMMA ▶▶

Zu Hammamets In-Treff reist die schicke Jugend aus Tunis an. In der Openairdisko am südlichen Ortsende wird bis in den frühen Morgen gefeiert – allerdings nur in der Hochsaison. *Avenue Moncef-Bey*

Office de Tourisme, *Avenue de la République* | *Tel. 72 28 04 23;* Syndicat d'Initiative, Hammamet-Yasmine, *Tel. 72 24 91 03* | *Fax 72 24 90 62*

NABEUL [115 E4]

Das moderne Städtchen wenige Kilometer nördlich von Hammamet ist Zentrum der tunesischen Keramikproduktion. Teller, Vasen, Schalen und Fliesen türmen sich zuhauf in den vielen Souvenirläden. Die Auswahl ist riesengroß und die Qualität hoch. Sehenswert ist die hübsche kleine Medina im Zentrum. Der berühmte *Marché aux Chameaux,* der Kamelmarkt am Donnerstag, ist Touristennepp. Ein empfehlenswertes Restaurant ist das *Slovenia:* Gehobene tunesische Küche mit internationalen Anklängen wird sehr stilvoll serviert *(Rue Abou el-Kacem ech-Chebbi* | *Tel. 72 28 53 43* | *kein Ruhetag* | €€*)*.

TAKROUNA [115 D6]

Das Berberdorf 36 km südlich von Hammamet thront nahezu unbezwingbar auf einem Felssporn. Täglich fahren mehrere Reisebusse aus den Hotelzonen hinauf. Die Berber ziehen sich dann entweder in ihre Häuser zurück, oder sie betteln bzw. versuchen, irgend etwas zu verkaufen. So gerät der Dorfbesuch schnell zum Spießrutenlauf.

VILLAGE KEN [115 D5]

Ein tunesisches Künstlerpaar hat sich mit Ken einen Traum erfüllt: In dem Dörfchen rund 20 km südlich von Hammamet *(Eintritt 2,5 TND)* fördern und erhalten die beiden traditionelles Handwerk wie Töpferei, Drechslerei und Weberei. Gearbeitet wird nach alt hergebrachten Methoden, und die dabei entstehenden wunderschönen Stücke können Besucher in der Boutique kaufen. Zu

> BLOGS & PODCASTS
Gute Tagebücher und Files im Internet

> *www.tunesien.com* – einziges deutschsprachiges Forum über Tunesien; Themen sind z. B. Familie und Partnerschaft, Arbeiten in Tunesien, Tourismus, Land und Leute.

> *www.holidaycheck.de* – Bei der Wahl eines Urlaubshotels ist dieses Forum sehr hilfreich: Erfahrungsberichte vermitteln mehr als Katalogbeschreibungen.

> *http://maghreblog.net* – französischsprachiges Forum zu Themen wie Politik, Wirtschaft, Sport, Musik etc.

> *www.tunizik.com* – Die Website freischaffender tunesischer Künstler enthält Musik- und Video-Podcasts und ein Diskussionsforum in französischer Sprache.

Für den Inhalt der Blogs & Podcasts übernimmt die MARCO POLO Redaktion keine Verantwortung.

Ken gehört außerdem ein Restaurant, das ebenfalls das Überlieferte bei Zutaten und Zubereitung pflegt. Wenn Sie sich in die Anlage verliebt haben, können Sie eines der geschmackvoll dekorierten *Gästezimmer* beziehen *(Village Ken | Bouficha | Sidi Khalifa | Tel. 73 25 21 10 | Fax 73 25 21 12 | www.villageken.com.tn | €€).*

TABARKA

[112 B2] Sandstrände und kleine Felsbuchten, eingerahmt von Korkeichen und Pinien, die bizarren Felsnadeln der Aiguilles und ein altes Fort, dazu hübsche Strandhotels und ein kleiner Yachthafen – Tabarka ist eine ideale Sommerfrische ganz im Westen der Korallenküste. Bisher hat der Massentourismus den kleinen Hafenort (8000 Ew.) nur gestreift, die Hotelzone im Osten ist noch recht übersichtlich. Erholung und Sport beim Tauchen, auf dem Golfplatz oder am von Dünen gesäumten Sandstrand stehen im Vordergrund. Gegründet von Phöniziern, diente Tabarka in römischer Zeit als Ausfuhrhafen für den im nahen Chemtou gebrochenen Marmor. In frühchristlicher Zeit war hier ein bedeutendes Zentrum der Missionsarbeit in Nordafrika. Dann geriet der Ort durch einen Tauschhandel unter Herrschaft der Genueser Handelsdynastie Lomellini, die den Korallenreichtum der Gewässer ausbeuten ließ. Ende des 18. Jhs. übernahm Frankreich die exklusiven Handelsrechte. Heute sind zwar viele Korallenbänke zerstört, die Unterwasserwelt ist aber dank Höhlen und Steilwänden immer noch ein Dorado für Taucher.

■ SEHENSWERTES ■
AIGUILLES ✹
Die spitz erodierten Felsnadeln am westlichen Ende der Strandpromenade sind Tabarkas Wahrzeichen. Schöner Blick aufs Fort!

BASILIQUE
Die Basilika diente ursprünglich als römische Zisterne, später als katholische Kirche, zuletzt als Museum. Schöne Mosaikfußböden im Innern, doch leider ist sie auf unbestimmte Zeit geschlossen.

FORT GÉNOIS
Die Festung wurde im 17. Jh. auf einer vorgelagerten Felsinsel errichtet. Heute führt ein Damm hinüber – allerdings ist außer den alten Mauern noch nichts zu sehen, weil die Arbeiten am geplanten Museum nicht recht vorankommen.

■ ESSEN & TRINKEN ■
ANDALOUS
Das hübsches Café mit seinen dekorativen Majolikawänden ist stets gut besucht und bei Einheimischen wie Touristen beliebt. *Avenue Habib Bourguiba | €*

KHÉMIR
Tunesische Gerichte wie *brik* oder *ojja,* dazu eine große Auswahl an Fisch (Preis nach Gewicht) und Meeresfrüchten. Die Küche ist beständig und gut. *Avenue Habib Bourguiba | Tel. 78 67 15 86 | kein Ruhetag | €€*

RESTAURANT DES HOTELS LES MIMOSAS ✹
Elegantes Ambiente, aufmerksamer Service, ein herrliches Panorama und

Die Aiguilles von Tabarka sind 20–25 m hoch

frankoarabische Küche, in der ebenfalls frischer Fisch den Ton angibt. *Tel. 78 67 30 28 | kein Ruhetag | €€*

■ EINKAUFEN

Tabarkas wichtigstes Souvenir ist die Koralle. Bevor Sie zugreifen: Die Koralle gehört zu den vom Aussterben bedrohten Arten!

■ ÜBERNACHTEN

ANDALOUS

Das empfehlenswerteste unter den Stadthotels mit modern ausgestatteten, komfortablen Zimmern, aber recht laut. *16 Zi. | Avenue Habib Bourguiba | Tel. 78 67 06 00 | Fax 78 67 11 32 | hotel.andalous@hexa byte.tn | €*

MÉHARI & MÉHARI RESIDENCE

Méhari, eines der Komfortstrandhotels der ersten Stunde in Tabarka, überzeugt mit sehr guter Ausstattung und freundlichem Personal. Familien seien die Apartments und Bungalows der Residence empfohlen – etwas abseits im Grünen und mit Spielplatz

und Pool. *200 Zi. sowie 30 Apartments in der Residence | Tel. 78 67 01 84 | Fax 78 67 39 43 | www.gol denyasmin.com | €€ – €€€*

LES MIMOSAS

Das Haus besticht durch seine herrliche Panoramalage auf einem Hügel über dem Ort – den Fußweg zum Strand nimmt man da gern in Kauf. Pool und alt eingewachsener Garten sowie modern eingerichtete Zimmer bieten allen Komfort. Reservieren Sie im alten Flügel! *72 Zi. | oberhalb der Avenue Habib Bourguiba | Tel. 78 67 30 28 | Fax 78 67 32 76 | www. hotel-les-mimosas.com | €€*

■ FREIZEIT & SPORT

TABARKA GOLF

Insider Tipp

Der 18-Loch-Platz mit elegantem Clubhaus zählt zu den schönsten Tunesiens. Eingebettet in Hügellandschaft mit Korkeichen und Pinien, dazwischen kleine Seen und stets der Blick hinüber auf das Meer – ein Genuss für passionierte Golffans. *An der Route Touristique östlich des*

TABARKA

Orts | *Tel 78 67 00 38* | *www.tabar kagolf.com* | *Greenfee 37 Euro/Tag*

TAUCHEN

Mehrere Tauchschulen, die meist zu den Hotels gehören, bilden in Kursen nach PADI- oder CMAS-Standards aus. *Loisirs de Tabarka* veranstaltet zusätzlich Schnorchel- und Tauchausflüge zu dem unter Naturschutz stehenden Inselarchipel *Îles de la Galité,* wo Sie mit etwas Glück Mönchsrobben und Meeresschildkröten beobachten können. *Port de Plaisance* | *Tel. 78 67 06 64* | *www. loisirsdetabarka.com*

◼ AUSKUNFT ◼

OFFICE DE TOURISME
Avenue du 7 Novembre | *Tel. 78 67 35 55*

◼ ZIELE IN DER UMGEBUNG ◼

AÏN DRAHAM   [112 B3]

Dicht mit Eichen- und Kiefernwäldern bestandene Hänge prägen die Gebirgslandschaft der Kroumirie im Hinterland von Tabarka. Knapp 26 km von der Küste entfernt werden Sie sich im Thermalbad Aïn Drahan wie in einem französischen Luftkurort fühlen. Komfortable Hotels und zahlreiche Ferienhäuser im alpinen Stil beherbergen vor allem Jäger, denn die Kroumirie gilt als bestes Wildschweinrevier Tunesiens. Wanderrouten führen auf den 1014 m hohen ❋ *Djebel Bir* (mit herrlicher Fernsicht über die Küste und bis nach Algerien) oder zum gegenüberliegenden *Col des Ruines.*

Etwas außerhalb in Richtung Jendouba empfängt das Hotel *Le Fôret* seine Gäste mit komfortablen, modernen Zimmern und einem Hallenbad *(62 Zi.* | *Tel. 78 65 53 02* | *Fax 78 65 53 35* | *www.hotellaforet.com. tn* | *€€€).*

BULLA REGIA ⭐   [112 B4]

Rund 65 km südlich von Tabarka wichen die Römer von ihren Bautradi-

Nomaden mit ihren Schafherden begegnet man häufig

Triumph der Venus: Mosaik in Bulla Regia

tionen ab und errichteten ab dem 2. Jh. unterirdische Villen. Die Räume gehen von einem in den Boden gegrabenen Schacht ab, der als Innenhof fungiert. Mehrere dieser Villen wurden in Bulla Regia entdeckt und einige, wie das *Palais de la Chasse*, so rekonstruiert, dass Besucher eine Vorstellung von der damaligen Wohnatmosphäre bekommen. Grandiose Mosaikfußböden zeigen Jagdmotive (daher auch der Name Palast der Jagd) bzw. in den anderen, nicht immer zugänglichen Villen Szenen aus der römischen Mythologie. Neben den Villen sind ein Theater (2. Jh.) sowie die Großen Thermen (3. Jh.) erhalten. *Di–So Sommer 8–19, Winter 8.30–17.30 Uhr | 2,5 TND*

beutung von Zwangsarbeitern war die Grundlage des lukrativen Handels mit wertvollem Marmor. Die Fundamente eines Arbeitslagers für 20 000 Menschen verdeutlichen die Lebensbedingungen der Bergwerksarbeiter. Gebrochen wurde der Marmor hier bereits von den Numidern. Deren König Micipsa ließ im 2. Jh. v. Chr. ein Höhenheiligtum auf dem Marmorberg errichten, einen überdimensionalen Altar, dessen Rekonstruktion das Museum zeigt. Auf vorbildliche und anschauliche Weise erläutert es die Anlage der Bergwerksstadt Simitthus und zeigt Exponate der Numider *(Di–So Sommer 8–19, Winter 8.30–17.30 Uhr | 2,5 TND).*

Insider Tipp

CHEMTOU

[112 B4]

Roms Gloria ist in vielen prunkvollen Tempeln und Villen erhalten. Das Marmorbergwerk Chemtou, 80 km südwestlich von Tabarka und nur 16 km von Bulla Regia entfernt, zeigt die dunkle Seite des Imperiums: Aus-

TUNIS

 KARTE IN DER HINTEREN UMSCHLAGKLAPPE

[114–115 C–D 2–3] Das Gezwitscher Tausender Stare verwebt sich mit dem Hupen der Autos in einem immerwährenden Stau und den Rufen der Jasminverkäufer zur

TUNIS

Hauptstadtmelodie. Tunis (800 000 Ew.) ist laut – aber das ist nur der erste Eindruck. Beim genaueren Hinsehen zeigt diese faszinierende Stadt verborgene Reize und stille Winkel, lockt sie mit einer wohl dosierten Mischung aus Orient und Okzident und überwältigt mit exotischen Duftkaskaden aus dem Glitzerreich ihrer Souks. Von Numidern noch vor Ankunft der Phönizier gegründet, stand die Stadt lange im Schatten Karthagos, der glanzvollen, mächtigen Metropole am Meer. Tunis, landeinwärts gelegen und durch den See Lac de Tunis vom offenen Meer getrennt, erlebte erst unter arabischer Herrschaft einen Aufschwung; unter der Dynastie der Hafsiden wurde die Stadt im 13. Jh. zur Kapitale des Reichs. Die Franzosen setzten der alten, mauerbewehrten Medina im 19. Jh. eine Neustadt in Jugendstil und Art déco vor die Nase und ließen schließlich Teile der Stadtmauer einreißen. Nach der Unabhängigkeit zogen viele Medinabewohner die modernen Wohnblocks ihren Altstadthäusern vor; Landlose besetzten die leer stehenden Paläste, die Medina wurde zum Armenhaus. Heute werden große Anstrengungen unternommen, die wertvolle Bausubstanz zu retten. Auch das *Festival de la Médina* in den Tagen des Ramadan beweist jedes Jahr eindrucksvoll, dass die totgesagte Medina lebt. Und nicht zuletzt hilft die Krönung der Medina zum Unesco-Welterbe den Verantwortlichen dabei, den Denkmalschutz ernst zu nehmen.

SEHENSWERTES

AVENUE HABIB BOURGUIBA   [U E–F3]

Die vielspurige Straße führt durch die Neustadt zur Medina. Der von Platanen beschattete Mittelstreifen ist sozusagen Tunis' Corso. Hier geht

Von der Place de la Victoire aus gelangen Sie in die Altstadt von Tunis

man spazieren, trifft Freunde, kauft Zeitungen oder die duftenden Jasminsträußchen. Neben dem Theater *(Ecke Rue de la Grèce)* und dem Hotel Carlton *(Nr. 31)* gibt es eine ganze Reihe weiterer, schön restaurierter Art-déco-Häuser zu bewundern. Der tunesische Gelehrte Ibn Khaldoun (1332–1406) bewacht von seinem Denkmalsockel den Platz vor der Kathedrale. Hier verengt sich die Avenue Bourguiba zur Avenue de la France und endet am Medinator Bab el-Bahr.

BAB EL-BAHR (PORTE DE FRANCE)   [U D3]

Erst Mitte des 19. Jhs. wurde dieses Stadttor errichtet; die Franzosen rissen die Medinamauern ab und ließen es etwas beziehungslos mitten auf der Place de la Victoire stehen. Dahinter führen zwei schmale Gassen in die Dämmerwelt der Souks.

DAR BACH HAMBA   [U D5]

Eine italienische Stiftung hat in dem herrlichen Medinapalais aus dem 17. Jh. ein Museum und Kulturzentrum der mediterranen Künste mit wechselnden Ausstellungen eingerichtet. Alleine die wunderbaren Majolikamosaike an den Wänden lohnen den Besuch. *9, Rue Bach-Hamba | Mo–Sa 9–17 Uhr | Eintritt 2 TND*

DAR BEN ABDALLAH   [U D5]

Das von außen schlichte Haus stammt vom Ende des 18. Jhs. und birgt das volkskundliche Museum *Musée des Arts et Traditions Populaires.* Sobald Sie es durch den charakteristischen abgeknickten Gang betreten, finden Sie sich im prunkvollen Zuhause einer Patrizierfamilie wieder. Der Knick sollte die Bewohner vor ungebetenen Blicken schützen, wenn sie sich im Innenhof aufhielten. Vom Hof führen prunkvolle Portale in die originalgetreu rekonstruierten Räume. Wertvolle Koranausgaben, antike Waffen, Brautschmuck und Kleidung vervollständigen die Ausstellung. *Impasse Ben Abdallah | Mo–Sa 9.30–16.30 Uhr | 2 TND*

DJAMMAA EZ-ZITOUNA (GROSSE MOSCHEE) ★   [U C4]

Die Rue Djammaa ez-Zitouna führt vom Bab el-Bahr direkt auf die Moschee zu. Im 8. Jh. entstand ein erstes Gotteshaus, das mehrmals umgebaut wurde. Ab dem 13. Jh. avancierten die Zitouna und die ihr angeschlossenen Lehranstalten, die Medresen, zur bedeutendsten Hochschule des Landes und zur drittwichtigsten der islamischen Welt. Neben Theologie wurden Philosophie, Astronomie und Medizin unterrichtet. Heute ist die Ausbildung der Studenten an die Universität von Tunis verlagert. 184 von antiken Kapitellen aus Karthago gekrönte Säulen gliedern den Gebetsaal. Nichtmuslimen ist der Zutritt untersagt; sie können allerdings vom Innenhof aus einen Blick auf den im Dämmerlicht liegenden Raum erhaschen. Sehenswert ist das schöne Viereckminarett mit Stuck- und Majolikadekor. *Sa–Do 8–14.30, Fr 8–12.30 Uhr | 2 TND*

MOSQUÉE DE SIDI YOUSSEF   [U C4]

Anfang des 17. Jhs. wurden die Souks von Tunis unter türkischer Herrschaft erweitert. Der Bau der Sidi-Youssef-Moschee 1616 versammelte die besten Kunsthandwerker des Landes und läutete durch seine Architektur eine neue Ära ein: Hofmoscheen mit Vierkantminarett wa-

Junge Wasserpfeifenraucher in Tunis

ren passé – nun wurde mit einem schmalen Achteckminarett und stark verkleinertem Hof gebaut. Die Moschee und das dazugehörige Mausoleum des Youssef Dey können nicht besichtigt werden, aber das Äußere ist durchaus ansprechend. *Rue Sidi Ben Ziyad*

MOSQUÉE HAMMOUDA PACHA   [U C4]

Unter türkischer Ägide entstanden 1655 auch Moschee und Mausoleum des Hammouda Pacha mit einem noch eleganteren achteckigen Minarett und üppigem Dekor.

MUSÉE NATIONAL DU BARDO ★   [0]

Das archäologische Museum zeigt eine der größten römischen Mosaikensammlungen weltweit. Die Mythenwelt Roms, nordtunesische Landschaften, das Getier des Meers und der Lüfte – diese Motive finden sich an Böden und Wänden des ehemaligen Beypalasts. Zu den berühmten Mosaiken zählt eine Darstellung des Dichters Vergil, dem zwei Musen die Verse der „Aeneis" eingeben (3. Jh.). Das Museum beleuchtet auch die punische und frühchristliche Zeit. *Quartier Bardo am Ende der Avenue du 20 Mars | Di–So April–Sept. 9–17, Okt.–März 9.30–16.30 Uhr | 6 TND*

SOUKS   [U C–D 3–4]

Souk, Markt, heißt der Innenstadtbereich, dessen schmale Gassen, Sackgassen und Plätze von winzigen Läden gesäumt und gegen die Tageshitze mit Strohmatten oder Tonnengewölben geschützt sind. Jedes Gewerbe hat seinen eigenen Souk: Der *Souk des Libraires* vereint die Buch-

Das Museé National du Bardo ist berühmt für seine Mosaikensammlung

händler gleich neben der Großen Moschee; im *Souk et-Attarine* glitzern winzige Parfümfläschchen in den Auslagen, und Opferkerzen hängen von der Ladendecke. Der *Souk ech-Chechia* ist einer der interessantesten: Hier werden die Filzkappen, *chechias,* die Zierde jedes traditionsbewussten Tunesiers, aufgebürstet und verkauft. Neben den klassischen weinroten gibt es neuerdings auch *chechias* in poppigen Farben, die bei der modebewussten Jugend beliebt sind. Im *Souk et-Trouk* sind die Teppich- und Souvenirläden versammelt. Ein jeder wirbt mit seiner Dachterrasse und dem Panorablick über die Medina, um Kunden anzulocken. Im *Souk el-Berka* wurden noch bis weit ins 19. Jh. Sklaven

Insider Tipp

versteigert. Obwohl die Souks auf den ersten Blick recht unübersichtlich wirken, können Sie sich ruhig treiben lassen. An den meisten Verzweigungen weisen Schilder zu nahen Sehenswürdigkeiten und damit auch wieder aus dem Gassengewirr hinaus.

TOURBET AZIZA OTHMANA [U C4]

Aziza Othmana war eine überaus mildtätige Dame. Kurz vor ihrem Tod 1669 schenkte sie ihren Sklaven die Freiheit, gründete ein Hospital und richtete mit ihrem Vermögen eine Stiftung zu Gunsten junger Mädchen ein. Ihr Grabmal wird von den Tunesiern sehr verehrt und darf auch von Nichtmuslimen besucht werden. Im Innern vereinen sich Majolikamosaike und Stuck zu harmonischer Schönheit. *9, Impasse Echmahia (unweit der Moschee Hammouda Pascha)*

TOURBET EL-BEY [U C–D5]

Noch ein Grabmal, diesmal die Begräbnisstätte der Husseinitendynastie

LES TROIS MEDERSAS (DREI MEDRESEN) [U C4]

Nur wenige Schritte von der Großen Moschee entfernt verbergen sich hinter hohen Portalen drei am Ende des 18. Jhs. erbaute Medresen, ehemalige Lehranstalten der Zitouna-Moschee. Einzig in der *Medersa*

Keine Hektik: Einkaufen kann auch entspannend sein

etwas abseits der Souks in dem ruhigeren Wohnviertel der Medina. Im 18. Jh. errichtet, lässt es in seinem verspielten Dekor italienische Einflüsse erkennen. Über 160 Gräber befinden sich in diesem mit Marmor, Stuck und *zelliges,* Majolikamosaiken, geschmückten Mausoleum; ein Turban am Kopfende weist auf männliche Bestattete hin. *Rue Tourbet el-Bey | Mo–Sa 9.30–16.30 Uhr | 2 TND*

du Palmier wird noch der Koran unterrichtet; die *Medersa Bachia,* kenntlich an dem Brunnen davor, dient heute der Ausbildung junger Kunsthandwerker. Besichtigen können Sie die *Medersa Slimania.* Rund um den Innenhof gruppieren sich die Zellen der Studenten; den kleinen Gebetssaal schmücken Säulen aus dem römischen Karthago. *Rue des Libraires | unregelmäßige Öffnungszeiten*

■ ESSEN & TRINKEN ■

ANDALOUS [U F2]

Die Spezialität dieses sympathischen Restaurants mit andalusischem Flair in der Neustadt sind gute tunesische Standards wie Couscous oder Lammspieße. *13, Rue de Marseille | Tel. 71 24 17 50 | So geschl. | €€*

DAR HAMMOUDA PACHA [U B3]

Das Palais in der Medina stammt aus dem 17. Jh.; die Einrichtung vereint Tradition mit dem 21. Jh., die Küche schwelgt in Rezepten und Gewürzen rund ums Mittelmeer. *17, Rue des Tamis | Tel. 71 56 65 84 | mittags und So geschl. | €€€*

ESSARAYA [U C5]

Insider Tipp

Ein wunderschönes ehemaliges Adelspalais in der Medina bildet den Rahmen für dieses Edelrestaurant, dessen großbürgerliche tunesische Küche erfolgreich mit dem üppigorientalischen Ambiente konkurriert. *6, Rue Ben Mahmoud (Bab Ménara) | Tel. 71 56 03 10 | So geschl. | €€€*

LA ROSE DES SABLES ▶▶ [U D4]

Gleich am Beginn der Souks hinter dem Bab el-Bahr können Sie in diesem sympathischen Caférestaurant auf eine Pizza oder ein Glas Minztee einkehren. *5, Rue Djammaa ez-Zitouna | Tel. 71 32 79 28 | So geschl.*

CHEZ SLAH [0]

Kleines Lokal in der Neustadt, auf Fisch spezialisiert; preiswertes Menü. *14 bis, Rue Pierre de Coubertin | Tel. 71 25 88 88 | Mo geschl. | €€*

ZITOUNA [U C4]

Im überwölbten Teil kurz vor der Großen Moschee gelegen, ist dieses einfache, hübsch mit *zelliges* dekorierte Caférestaurant vor allem bei Einheimischen beliebt. Die Küche ist schnörkellos und gut. *Rue Djammaa ez-Zitouna | So geschl. | €*

■ EINKAUFEN ■

CHECHIAS UND FILZTASCHEN [U C4]

Mohammed Messaoudi verkauft traditionelle und moderne Filzkappen von bester Qualität; auch Filztaschen sind im Angebot. *4, Grand Souk des Chechias*

ESPACE DIWAN [U C4]

Insider Tipp

Die Kunstbuchhandlung in der Medina ist eine wahre Fundgrube. Ne-

> MEDINACAFÉS

Entspannung bei Tee, Mokka und Wasserpfeife

Müde vom Medinabummel? Einige hübsche Cafés bieten Abhilfe, allen voran das berühmte *Café Mrabet (Souk et-Trouk)* im andalusischen Dekor und mit einer hübschen Dachterrasse. Unten im Caféraum nuckeln die Eingeweihten an ihren *chichas*. Die Jugend hat das *Café Chaouechin (Souk ech-Chechia)* zum Hotspot erkoren. Auch dort blubbern die Wasserpfeifen um die Wette. Ganz im Loungetrend liegt der *Salon de Thé Essour* – ein kühl gestylter Ort, an dem sich junge Paare ein Stelldichein geben und wo die *chichas* in allen Aromen vor sich hin dampfen *(52, Rue Djammaa ez-Zitouna)*.

ben Bildbänden und Literatur über Tunesien gibt es auch CDs und wunderschöne Postkarten. *9, Rue Sidi Ben Arous*

■ ÜBERNACHTEN

LES AMBASSADEURS [0]

Etwas abseits vom Zentrum, dafür ruhig am Park Belvedère gelegen. *145 Zi. | 75, Avenue Taieb Méhiri | Tel. 71 84 60 00 | Fax 71 78 00 42 | www.hotel-ambassadeurs.com | €€*

CARLTON [U F3]

Das angenehme, jüngst renovierte Mittelklassehotel liegt absolut zentral; die Zimmer nach vorne haben Schallschutzfenster, und es gibt einen Parkplatz. *78 Zi. | 31, Avenue Habib Bourguiba | Tel. 71 33 06 44 | Fax 71 33 81 68 | www.hotelcarlton tunis.com | €€*

DAR EL-MEDINA [U B4] *Insider Tipp*

Zauberhaftes Haus in der Medina, angelegt um einen Innenhof und mit einer Panoramadachterrasse. Die Zimmer sind traditionell eingerichtet, moderne Kunst setzt interessante Kontraste. Unbedingt rechtzeitig reservieren! *12 Zi. | 64, Rue Sidi ben Arous | Tel. 71 56 30 22 | Fax 71 56 35 20 | www.darelmedina.com | €€€*

LA MAISON DORÉE [U F4]

Mittelklassekomfort mit ältlichem Mobiliar, aber freundlicher Service. *50 Zi. | 3, Rue El-Koufa | Tel. 71 24 06 31 | Fax 71 33 24 01 | €*

■ AM ABEND

Nachtclubs gibt es in den Hotels *El Mehtel* und *El Hana International*. Total angesagt ist das ▶▶ *Le Bœuf sur le Toit* im Stadtteil *La Soukra (3, Ave-*

Überreste eines großen Reichs: Carthage bei Tunis

nue Fattouma Bourguiba) mit täglich wechselnder Livemusik von Reggae bis Hip-Hop.

■ AUSKUNFT ■

OFFICE DE TOURISME [0]

1, Avenue Mohammed V | Tel. 71 34 10 77 | www.tourismtunisia.com

■ ZIELE IN DER UMGEBUNG ■

CARTHAGE [115 D2–3]

Mit der TGM-Schnellbahn ist es eine halbe Stunde Fahrt von Tunis nach Karthago. Maurische Paläste hinter hohen Mauern, Palmen, die sich im Wind wiegen – nichts an Tunis' Villenvorort Carthage deutet darauf hin, dass man hier buchstäblich auf historischem Boden wandelt: 814 v. Chr. von Phöniziern gegründet, war *Quart Haddash* Hauptstadt des Punischen Reichs und Beherrscherin der Handelsrouten zwischen Sizilien und der Straße von Gibraltar, bis sie von den Römern 146 v. Chr. zerstört wurde. Im ersten vorchristlichen Jahrhundert von Caesar und Augustus wieder aufgebaut, glänzte die Stadt als Königin der römischen Kolonien in Nordafrika. Nach Roms Niedergang, der Plünderung durch Vandalen und Byzantiner und der Eroberung durch die Araber dienten ihre Tempel als Steinbruch für Moscheen und Paläste von Tunis. Die Archäologen blättern nun Schicht für Schicht Karthagos Geschichte neu auf. Sie beginnt am ★ *Tophet (Rue Hannibal | TGM-Station Salambô),* jenem von Gustave Flaubert in seinem Karthagoroman „Salammbô" grausig geschilderten Ort, an dem Tausende Kinder dem blutgierigen Gott Baal Hammon geopfert worden sein sollen. Bis in 4 m Tiefe fanden Archäologen am Opferplatz Urnen und Grabstelen, darunter viele von Kindern. Der *Byrsahügel (TGM-Station Dermech)* war wahrscheinlich das Herz der punischen Stadt. Auf seiner Kuppe lüftet das ★ *Musée National de Carthage* die Geheimnisse der punischen Kultur. Dass sie im Gegensatz zu den in Rom kursierenden Gerüchten über finstere Riten eine lebensfrohe und höchst verfeinerte war, bezeugen elegantes Geschirr, Skulpturen und Schmuck. Die im 2. Jh. von Kaiser Antoninus Pius errichteten ★ *Thermes d'Antonin (TGM-Station Hannibal)* ein Stück weiter nördlich zwischen Hauptstraße und Meer zählten zu den größten und luxuriösesten Badetempeln der römischen Welt. Die aufgerichtete Säule des *Frigidariums* demonstriert mit stolzen 15 m Höhe, wie monumental diese Anlage gewesen sein muss. Nicht weit entfernt zeigt der *Parc Archéologique des Villes Romaines* am Beispiel mehrerer römischer Villen und der teilrekonstruierten *Maison de la Volière,* in welchem Luxus, umgeben von Mosaiken und einem im Patio sprudelnden Springbrunnen, wohlhabende Römer wohnten. Hier befindet sich auch das ebenfalls im 2. Jh. erbaute Theater, Veranstaltungsort des renommierten *Festival de Carthage (Museum und Ausgrabungsstätten tgl. April 8–18, Mai–Sept. 8–19, Okt.–März 8.30–17.30 Uhr | Sammelticket 7 TND).* Exklusives Design und Transparenz machen die Übernachtung im Hotel *Villa Didon* zu einem ganz besonderen, wenn auch kostspieligen Erlebnis. Auch das Restaurant wird hoch gelobt *(10 Zi. |*

Tel. 71 73 34 33 | Fax 71 73 34 88 | www.villadidon.com | €€€).

LA MARSA UND GAMMARTH [115 D2]

In den beiden Badeorten nördlich von Carthage erwarten schöne Strände, lebhafte Straßencafés und komfortable Hotels die Besucher. La Marsa hat durchaus den Charakter einer Kleinstadt; viele wohlhabende Hauptstädter ziehen den Ort wegen der kühlen Meeresbrise dem stickigen Tunis vor. Deshalb gibt es hier auch viele gute Restaurants. Versuchen Sie das Le Golfe am Strand; frischer und appetitlicher können Fisch und Krustentiere nicht serviert werden (5, Rue Larbi-Zarrouk | Tel. 71 74 82 19 | Mo geschl. | €€€) oder legen Sie eine Rast ein im ▶▶ La Berbère, einer Ali-Baba-Höhle der Jeunesse dorée direkt an der TGM-Station (2, Rue el-Hafside). Eine luxuriöse Meerestherme ist das Herzstück des Hotels *The Residence.* Es **[Insider Tipp]**

ist unbestritten das schönste, elegant und unaufdringlich, mit perfektem Personal und einem wahrlich himmlischen Wellnesscenter (170 Zi. | Côtes de Carthage | Tel. 71 91 01 01 | Fax 71 91 01 44 | www.theresidence.com/tunis | €€€). Auch in Gammarth säumen zahlreiche Strandhotels und Vergnügungskomplexe die Küstenlinie. Einen Blick ins tiefe Blau von Himmel und Meer werfen die Gäste des ✱ Panoramarestaurants Le Grand Bleu auf einem Felssporn über dem Strand (Route de la Corniche | Tel. 71 91 39 00 | €€€). Auf dem eleganten Tafelgeschirr landen vorzüglich zubereitete Lobster oder eine temperamentvolle Paella. Wenn Sie kunstvolle Glasarbeiten lieben, sollten Sie hier *Sadika* besuchen. Ihre traumhaft schönen Vasen, Lampen und Schalen entstammen der perfekten Symbiose tunesischer und venezianischer Glasbläserkunst (Espace Sadika | Zône Touristique). **[Insider Tipp]**

SIDI BOU SAÏD ★ ▶▶ [115 D2]

Sidi Bou' auf einem Felssporn zwischen Carthage und La Marsa (TGM-Station Sidi Bou Saïd) ist ein maurisches Bilderbuchstädtchen. Wohl kein Ort in Tunesien besitzt so viel mediterranen Zauber. Die schmale, steil bergan führende Hauptstraße des Orts endet am berühmten Café des Nattes, 1914 verewigt auf August Mackes Aquarell „Blick auf eine Moschee". Bevor Sie sich hier thé à la menthe und eine chicha gönnen, lohnt der Aufstieg durch schmale Gassen bis zum höchsten Punkt, wo Sidi Bou's Verstorbene auf dem ✱ Friedhof den wohl schönsten Panoramablick genießen und um nichts **[Insider Tipp]** mit dem Paradies tauschen möchten. Achten Sie beim Bummel auf die mit Eisennägeln geschmückten Portale der Häuser! Sie sind das einzige Dekor und je nach Ausführung alleiniges Indiz für den Wohlstand des Hausbesitzers. Zu dem Understatement nach außen passt der Palast *Ennejma Ezzahra* nicht. Orientalischen Prunk, umgeben von üppigen Gärten, wünschte sich sein Besitzer, Baron Rodolphe d'Erlanger (1872–1932), als er sich Anfang des 20. Jhs. in Sidi Bou' niederließ und sich dafür einsetzte, den Ort unter Denkmalschutz zu stellen. Der Palast dient heute als Musikinstrumentemuseum; ab und an finden in den Räumen Jazzsessions oder Maaloufabende statt *(Centre des Musiques Arabes et Méditerranéennes | Di–So 9–13 und 14–17 Uhr | 3 TND)*. Die jahrtausendealte Tradition der Keramikherstellung ist Thema der Ausstellung im *Dar Jaziri (29, Rue Habib Thameur | Mai–Sept. tgl. 7–23.30, sonst Di–So 8–20 Uhr | 3 TND)*. Zu sehen sind Keramiken des 19. Jhs. aus Nabeul, Töpferwaren der im 16. Jh. gegründeten Schule von Quallaline aus Tunis sowie antike Amphoren – das Ganze in den mit Majolikamosaiken reich dekorierten Räumen eines ehemaligen Mausoleums. Wollen Sie hier übernachten? Dann ist das Hotel *Sidi Bou Saïd* die perfekte Wahl: In einem typischen Stadthaus mit zwei Patios, maurisch eingerichteten Zimmern und einem Pool setzt es den andalusischen Zauber des Orts im Innern fort *(Rue Toumi | Tel. 71 72 96 66 | Fax 71 72 95 99 | www.darsaid.com.tn | €€)*. Von hier sind es nur wenige Schritte zum Dar Zarrouk (Rue Larbi

Bilderbuchstädtchen: Sidi Bou Saïd

Zarrouk | Tel. 71 74 05 91 | kein Ruhetag | €€€). Das Terrassenrestaurant gehört zum Hotel und verwöhnt mit modern-orientalischer Einrichtung und Küche. Auch das *Au Bon Vieux Temps* schräg gegenüber lockt mit herrlicher Terrasse, Pianobar und sehr guter internationaler Küche, die ihre Raffinesse tunesischen Beilagen verdankt *(59, Rue Hedi Zarrouk | Tel. 71 77 47 88 | kein Ruhetag | €€)*.

> # MEDINAS, STRÄNDE UND OLIVEN
Olivenhaine und bunte, quirlige Souks
bilden den Rahmen für die schönsten Strände des Sahel

> **Kontraste im Herzen Tunesiens: Das Landesinnere um Kairouan prägt herbe Steppenlandschaft, in der Sie häufig die schwarzen Wollzelte der Halbnomaden sehen werden.**

Der küstennahe Sahel mit seinen in Reih und Glied gepflanzten Olivenbäumen wirkt wie ein von Riesen angelegter Garten und ist eine der bedeutendsten landwirtschaftlichen Regionen Tunesiens. Entlang der hellen Sandsicheln kilometerlanger Strände zwischen Port el-Kantaoui und Mahdia wechseln sich weiß strahlende Hotelpaläste ab mit dem verwinkelten Pastellpatchwork uralter Medinas und der modernen Skyline geschäftiger Hafenstädte. Das enge Nebeneinander von Tourismus, Landwirtschaft und Handel tut Zentraltunesien gut. Trotz der Verführungen des Fremdenverkehrs sind die Menschen hier noch sehr bodenständig.

Bild: Mausoleum in Monastir

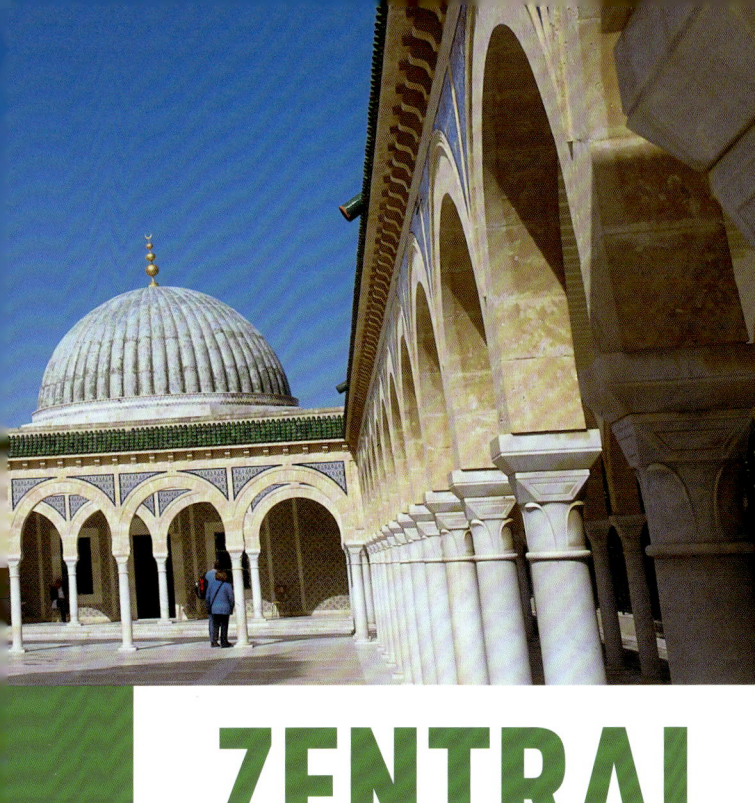

ZENTRAL TUNESIEN

KAIROUAN

[118 C2] **Inmitten der graubraunen Steppenlandschaft Zentraltunesiens wirkt die heilige Stadt Kairouan mit ihren Minaretten und den herrischen Wehrmauern wie eine Fata Morgana.** Die Große Moschee, dank ihrer kraftvollen Schlichtheit eines der eindrucksvollen Monumente des Landes, zählt zusammen mit der Medina zum Unesco-Welterbe. Mit 120 000 Einwohnern, vielen Teppichknüpfereien, Textilunternehmen und einer Tabakfabrik ist die Stadt ein bedeutendes Wirtschaftszentrum. Ein wichtiges Zubrot bildet der Fremdenverkehr.

Im Jahr 671 erreichten islamische Truppen von der arabischen Halbinsel auf ihrem Eroberungszug gen Westen die zentraltunesische Steppe. Oqba ibn Nafi, ein Gefährte des Propheten Mohammed, ließ hier ein Heerlager aufschlagen und eine Mo-

KAIROUAN

Gebetssaal der Großen Moschee

schee errichten. Das war Kairouans Geburtsstunde. Die Truppen zogen weiter, Kairouan wurde Kapitale des eroberten Gebiets *Ifriqya*. Später übernahmen Mahdia und Tunis die Funktion der Hauptstadt; Kairouan aber blieb das spirituelle Herz. Für die Besichtigung der Moscheen und Mausoleen brauchen Sie ein Sammelticket, das Sie im Büro der APPC *(Agence de Mise en Valeur du Patrimoine et de la Promotion Culturelle)* neben den *Bassins des Aghlabides* oder an der Großen Moschee bekommen. Bitte respektieren Sie in Kleidung und Auftreten die besondere Bedeutung dieser frommen Stadt!

▮ SEHENSWERTES ▮

BASSINS DES AGHLABIDES
Die beiden im 9. Jh. von der Aghlabidendynastie angelegten Bassins sind Meisterwerke der arabischen Wasserbaukunst. Sie wirken kreisrund, haben aber 48 bzw. 17 Ecken

und speicherten das per Aquädukt von den 36 km entfernten Bergen des Djebel Cherichera herangeführte Wasser. *Rue Ibn al-Aghlab | Juli/ Aug. tgl. 7–13.30, Sept.–Juni Sa–Do 8–17.30, Fr 8–12 Uhr | Sammelticket*

BIR BAROUTA
Das Schöpfrad des Brunnens im Herzen der Medina wird von einem im Kreis laufenden Kamel angetrieben. Das Wasser gilt als heilig und wird, in Plastikflaschen abgefüllt, an die Pilger verkauft. *Avenue du 7 Novembre | tgl. 8–17.30 Uhr | Sammelticket*

DJAMAA SIDI OQBA (GROSSE MOSCHEE) ★
Nur wenige Bauwerke dokumentieren so eindrucksvoll die Herkunft des Islam aus der Wüste wie diese aus Lehmziegeln errichtete und mehrmals umgebaute Moschee. Wie ein Bollwerk stemmen sich Mauern, Bastionen und Minarett fast gänzlich schmucklos der städtischen Umtriebigkeit entgegen; Erdfarben und klare Linien fordern im marmorgepflasterten Innenhof auf zur Ruhe und Besinnung. Unter ihm befindet sich eine Zisterne, in die Regenwasser durch kunstvoll gearbeitete Siebe im Boden abläuft. Das Fundament des dreistufigen, wuchtigen Minaretts stammt aus dem 8. Jh., die schattigen Arkaden wurden unter Verwendung antiker Säulenkapitele im 9. Jh. erbaut. Dem Minarett gegenüber nimmt der Gebetssaal die südöstliche Hälfte der Moschee ein. Durch eines der 17 reich mit Schnitzereien geschmückten Portale können Sie einen Blick ins Innere werfen, der Zutritt ist Nichtmuslimen

verwehrt. 414 aus antiken Stätten hierher gebrachte Säulen unterteilen den im Dämmerlicht liegenden Raum in 17 Schiffe. Den Toren gegenüber liegen Kiblawand und Mihrabnische, in deren Richtung sich die Gläubigen zum Gebet verbeugen. Die Mihrab ist das wertvollste Ausstattungselement der Moschee, sie ist ausgelegt mit Lüsterkacheln aus dem Zweistromland; der 862 angefertigte Predigtstuhl daneben ist der älteste der islamischen Welt. Das Lalla-Rihana-Tor in der Ostmauer wird von antiken Säulen und mächtigen Hufeisenbögen gestützt und diente als Eingang für Privilegierte. *Sa–Do 8–14, Fr 8–12 Uhr | Sammelticket*

MEDINA/SOUKS

Eine 4 km lange, von vier Toren durchbrochene Stadtmauer aus Lehmziegeln umfasst die Medina nahezu vollständig. In ihrem Schutz breitet sich beiderseits der Avenue du 7 Novembre Wohn- und Handwerksgassen, Marktstraßen und Plätze aus, die teils noch völlig untouristisch und ursprünglich das authentische Bild einer arabischen Altstadt vermitteln.

MOSQUÉE DES TROIS PORTES (MOSCHEE DER DREI PFORTEN)

Zwischen die Wohn- und Handwerkshäuser des Weberviertels gesetzt, ist diese 866 von einem reichen Kaufmann gestiftete Moschee ein ungewöhnliches Bauwerk: Ihre Fassade nehmen vollständig die drei nebeneinanderliegenden Portale ein. Die Steinmetzarbeiten der Umrandungen in zierlicher Kufischrift und mit bewegtem Rankenwerk sind verspielter Kontrast zur Strenge der Großen Moschee. *Rue de la Mosquée des Trois Portes (kein Zutritt für Nichtmuslime)*

MUSÉE DU TAPIS (TEPPICHMUSEUM)

Kairouan ist Teppichstadt, doch sollten Sie sich vor dem Teppichkauf im

MARCO POLO HIGHLIGHTS

★ **Djamaa Sidi Oqba (Große Moschee)**
Die älteste Moschee Nordafrikas steht in Kairouan (Seite 54)

★ **Ribat**
Kloster und Festung von archaischer Schönheit in Sousse (Seite 64)

★ **Mahdia**
Idyllische Plätzchen, ein mächtiges Fort und florierendes Handwerk (Seite 59)

★ **El-Djem**
Monumentaler Nachlass der römischen Landjunker im Sahel (Seite 61)

★ **Musée National des Arts Islamiques**
Filigrane Exponate islamischer Künstler und Handwerker in Reqqada (Seite 58)

★ **Medina**
Eine Altstadt ohne touristischen Klimbim; tunesischer Alltag hautnah in Sfax (Seite 62)

★ **Musée Archéologique**
Bunter Bilderbogen mit herrlichen Mosaiken aus den römischen Villen von Sousse und El-Djem (Seite 64)

staatlichen Museum über die Vielfalt von Farben und Mustern informieren. Hier werden auch die staatlichen Zertifikate vergeben, die jeder Teppich besitzen sollte. Sie bestimmen die Qualität und legen einen empfohlenen Verkaufspreis fest. *Avenue Ali Zaouaoui | Mo–Do 8.30–13 und 15–17.45, Fr/Sa 8.30–13 Uhr*

ZAOUIA DE SIDI ABID EL-GHARIANI

Eine Zaouia ist die Grabstätte eines Heiligen, der eine Moschee und eine Medersa angeschlossen sind. Sidi Abid el-Ghariani lebte im 14. Jh., seine Zaouia dient heute als Sitz der Gesellschaft zum Erhalt der Medina (ASM), weshalb Sie dieses herrliche Bauwerk der Blütezeit maurisch-andalusischer Kunst in Ruhe bewundern können. Spitzenfeiner Stuck und zierliche Holzmalereien sind atemberaubend schön. *Rue Sidi Abid el-Gariani | tgl. 8–17 Uhr | Sammelticket*

ZAOUIA DE SIDI SAHAB (BARBIERMOSCHEE)

Der hier Beigesetzte und Verehrte war zwar nicht der Barbier, aber doch ein enger Vertrauter des Propheten. Sein Grab liegt außerhalb der Medina in einem im 17. Jh. erbauten Mausoleum, dessen üppiges Dekor mit bunten Fayencen, Stuck und Malerei den Geschmack der osmanischen Herrscherdynastien spiegelt. Die Zaouia ist ein bedeutendes Pilgerziel; vor allem junge Frauen erhoffen sich Fruchtbarkeit durch die *baraka* des Heiligen. *Avenue el-Moez ibn Badis | tgl. 8–18 Uhr | Sammelticket*

▪ ESSEN & TRINKEN
KARAWAN

In dem Restaurant unweit der Post bekommen Sie einfache, aber schmackhafte tunesische Gerichte, à la carte oder als preiswertes Menü; hier wird kein Alkohol ausgeschenkt.

Teppiche aus Kairouan sind beliebte Mitbringsel

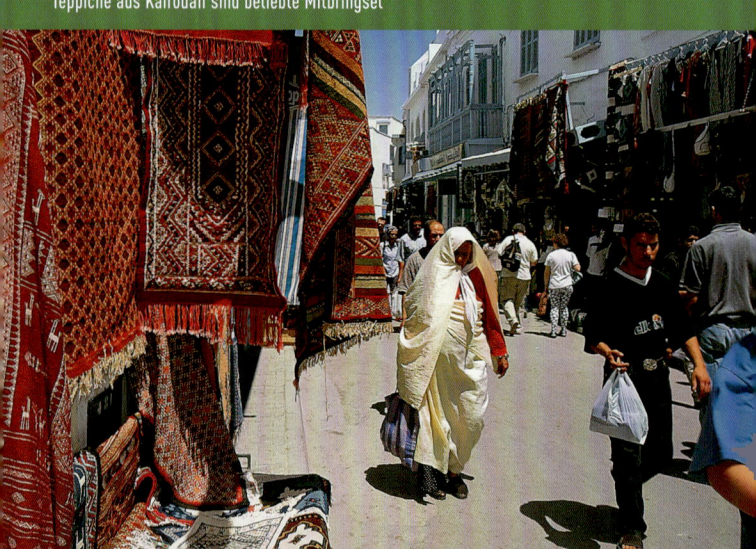

Rue Sokraina bint al-Hussein | *Tel.*
77 23 25 56 | *kein Ruhetag* | €

SOFRA

Anspruchsvolle tunesische und internationale Küche im Hotel Kasbah, in
den Räumen der ehemaligen Festung
von Kairouan. *Avenue Ibn El Jazzar*
(Cité de la Mosquée) | *Tel.*
77 23 73 01 | *kein Ruhetag* | €€

■ EINKAUFEN

Insider Tipp
PATISSERIE BEN SOUKRANA

Kairouans Spezialität ist *makhroud,*
und Ben Soukrana ist die älteste und
beste Konditorei der Stadt. *Rue R'dat*
el-Hadit

TEPPICHE

Sie werden zahllose Angebote und
Einladungen bekommen, einen Tep-
pichladen zu besuchen. Beachten Sie
die Informationen und Tipps im Kapitel „Einkaufen".

■ ÜBERNACHTEN

Insider Tipp
KASBAH

Das wunderschöne Hotel residiert in
der ehemaligen Kasbah, wenige
Schritte von den Souks und der Großen Moschee entfernt. Es gibt sogar
einen Swimmingpool und ein hüb-
sches maurisches Café. *100 Zi.* | *Ave-*
nue Ibn El Jazzar (Cité de la Mos-
quée) | *Tel. 77 23 73 01* | *Fax*
77 23 73 02 | *www.goldenyasmin.*
com | €€€

SPLENDID

Zentral, doch ruhig gelegen; geräu-
mige Zimmer, allerdings nagt der
Zahn der Zeit. *40 Zi.* | *Avenue du 9*
Avril 1939 | *Tel. 77 22 75 22* | *Fax*
77 23 08 29 | €

■ AUSKUNFT

OFFICE DE TOURISME
Place des Martyrs | *Tel. 77 23 18 97*

APPC

Die APPC verkauft die Sammel-
tickets für den Besuch der Kairouaner
Monumente, Preis 6 TND. *Bassins*
des Aghlabides | *Tel. 77 27 04 52* |
Sommer Sa–Do 7.30–16, Fr 7.30–13,
sonst Mo–Do 8–18, Fr 8–13, Sa/So
7.30–16 Uhr

■ ZIELE IN DER UMGEBUNG

MAKHTAR   [117 D2]

Die Stadt 114 km westlich von Kairouan wurde im 3. Jh. v. Chr. von

>LOW BUDGET

> Organisierte Ausflüge von den
Hotelzonen z.B. nach Mahdia, Sousse
oder Monastir sind zwar bequem,
aber relativ teuer. Dabei lassen sich
gerade in der Region zwischen
Sousse und Mahdia alle Sehenswürdigkeiten auf eigene Faust
mit der Metro du Sahel erreichen.
Die Züge dieser Schnellbahn
verkehren häufig und sind selten
voll besetzt. Informationen über
Abfahrtszeiten haben die
Rezeptionen der Hotels und
die Touristenbüros.

> Sousse ist ein Shoppingparadies
für Schuhe, von eleganten Pumps
bis zu den gerade angesagten
Sneakers. Lassen Sie sich nicht
vom geradezu überbordenden
Angebot in den Souks verführen!
Auch in der Neustadt gibt es
zahlreiche Schuhgeschäfte – und
die sind deutlich preiswerter!

KAIROUAN

Numidern gegründet und nahm punische Flüchtlinge aus dem 146 v. Chr. zerstörten Karthago auf. Bis 46 v. Chr. lag Makhtar außerhalb des römischen Einflussbereichs. Dann errichteten römische Siedler ein zweites Gemeinwesen neben dem nu-

Kapitolstempel in Sbeïtla

bisch-punischen. Erst im Jahr 180 wurden die alten karthagischen Kulte endgültig abgeschafft und auf dem Opferplatz *Tophet* ein Triumphbogen, das heutige *Bab el-Aïn*, er-

richtet. Zuletzt bauten Byzantiner auf altem Baubestand neue Häuser und eine frühchristliche Basilika. Die tausendjährige Geschichte lässt sich in den Überresten deutlich ablesen: Akkurat im rechtwinkligen System angelegt, sticht die römische Stadt mit Forum, Triumphbogen und Tempel von dem westlich davon gelegenen orientalischem Labyrinth um das punische Forum ab. Sehenswert sind die am besten erhaltenen Großen Thermen südlich des Forums. Punische Grabstelen und ein byzantinisches Bodenmosaik zeigt das kleine Museum der Ausgrabungsstätte. *Tgl. Winter 8.30–17.30, Sommer 8–19 Uhr | 2,5 TND*

REQQADA   [118 C2]

Der Vorort 10 km südlich von Kairouan diente der Dynastie der Aghlabiden im 9. Jh. als Regierungsbezirk. Von den einstmals wohl imposanten Palastanlagen sind allerdings nur wenige Ruinen erhalten. Ein anderer Palast, 1970 für Habib Bourguiba erbaut, lohnt den Besuch von Reqqada dennoch: Darin residiert das ★ *Musée National des Arts Islamiques* mit einer exquisiten Sammlung islamischer Kunst. Im Eingangsbereich bekommen Sie anhand des Modells der Großen Moschee von Kairouan und einer Kopie von deren Mihrabnische eine Vorstellung von Größe und Schönheit des Gotteshauses. In den Ausstellungsräumen werden islamische Geschichte und Kunstschaffen in der Münzsammlung, den wundervollen Glas- und Keramikarbeiten und herrlich illuminierten Koranausgaben lebendig. Da Erläuterungen weitgehend fehlen, lassen Sie die

Raffinesse der islamischen Kultur einfach auf sich wirken! *Di–So 9–16, Juli/Aug. 8.15–14.15 Uhr | 1,5 TND.* Lassen Sie sich die Öffnungszeiten bei der APPC bestätigen!

SBEÏTLA [117 D4]

Wo die fruchtbaren Landstriche endeten und Nomadenland begann, wurde im 1. Jh. n. Chr. *Sufetula* gegründet. Gemessen an der Zahl der Thermen und der Größe ihres Forums muss sie eine imposante Stadt gewesen sein, was man vom heutigen, verschlafenen Sbeïtla, 117 km südwestlich von Kairouan, nicht behaupten kann. Sufetula besitzt einen ungewöhnlichen Kapitolstempel: Der Tempel der drei höchsten Gottheiten am Forum ist hier in drei einzelne, miteinander durch Brücken verbundene Häuser für Juno, Jupiter und Minerva aufgeteilt. Steckte eine besondere Idee dahinter, oder hat hier ein exzentrischer Architekt experimentiert? Sehenswert sind auch die vielen frühchristlichen Monumente, besonders die Bellatorkirche (4. Jh.), die angrenzende Vitalisbasilika und das Baptisterium mit einem im Boden eingelassenen Taufbecken mit Mosaik. Angenehm in dieser kaum auf Touristen eingestellten Region: das Besucherzentrum mit Café gegenüber dem Eingang zur Ausgrabungsstätte. *Tgl. Winter 8–17.30, Sommer 7–19 Uhr | 3 TND*

MAHDIA

[118 F3] ⭐ Die Fischer- und Hafenstadt (170 000 Ew.) am Cap Afrique besitzt eine überaus malerische Medina auf einer weit ins Meer hinausragenden Halbinsel. Die Hotelzone nördlich des Orts säumt einen breiten Sandstrand. Mit Blick auf die Altstadt können Sie hier einen geruhsamen Urlaub verbringen, denn noch hat der Tourismus Mahdia nicht wirklich wach geküsst, und die Zahl der Hotels hält sich in Grenzen. Gegründet wurde die Stadt von den Fatimiden, einer der schiitischen Glaubensrichtung des Islam angehörenden Dynastie, die Tunesien ab 909 regierten. Kalif Obeïd Allah ernannte sich zum Mahdi, zum islamischen Erlöser, verließ die alte Kapitale Kairouan und gründete 916 Mahdia. Wie unbeliebt die Fatimiden waren, kann man allein schon daran ersehen, dass Mahdia als Festung zum Festland

Im Hafen von Mahdia

hin, also gegen das eigene Volk, konzipiert war. Bereits 948 wurde Mahdia aufgegeben und spielte in den folgenden Jahrhunderten die Rolle eines unter den verschiedenen Nationen umkämpften Piratennests.

■ SEHENSWERTES

BORDJ EL-KEBIR

Die von Türken im 16. Jh. errichtete Festung fast am Ende der Halbinsel steht wahrscheinlich dort, wo sich im 10. Jh. der Fatimidenpalast befand. Über die ✺ Wehrmauer genießen Sie einen schönen Blick über die Altstadt und den Hafen, vor allem aber über den großen islamischen Friedhof am Fuß des Bordj el-Kebir. *Di–So 9–13 und 15–18, Winter 9–16 Uhr | 3 TND*

GRANDE MOSQUÉE

Von den Fatimiden 916 errichtet, wurde die Große Moschee im 16. Jh. zerstört, 1960 aber nach Originalplänen wieder aufgebaut. Durch einen monumentalen Torbau gelangen die Gläubigen in den arkadengesäumten Innenhof und in den schlichten Gebetssaal. Über der Mihrabnische erhebt sich eine schön dekorierte Kuppel. Nichtmuslime haben nur Zutritt zum Innenhof. *Di–So 8–13 Uhr | 1,5 TND*

MEDINA

Die kleine Altstadt entlang der Rue Obeïd Allah ist schnell besichtigt. Idyllisch ist die *Place du Caire* mit dem *Café Gamra;* an der Südseite sind mit eleganten Steinmetzarbeiten geschmückte Torbögen zu bewundern. In zahlreichen Weberateliers stellen Männer Seidenstoffe und

Schals her, für die Mahdia berühmt ist. Die meisten lassen sich gern bei der Arbeit zusehen.

SKIFFA EL-KAHLA

Wie befestigt Mahdia war, können Sie an diesem 1554 erbauten mächtigen Stadttor sehen. Es führt von der Neustadt in die Medina und zugleich vom Festland auf die Halbinsel. Der Durchgang ist mehrfach geknickt – an diesen Stellen befanden sich früher massive Torflügel – und 40 m lang.

■ ESSEN & TRINKEN

CAFÉ LA MEDINA ▶▶ *Insider Tipp*

Geschmackvoll orientalisch eingerichtet und mit Tischen im Freien ist das Café gegenüber der Großen Moschee ein idealer Ort, um sich zu erholen und eine *chicha* zu rauchen. *Place de la Grande Mosquée*

LE LIDO

Das Restaurant gegenüber dem Hafen ist berühmt für seine frischen, schmackhaft zubereiteten Fischgerichte. *Avenue Farhat Hached | Tel. 73 68 13 39 | kein Ruhetag | €€*

■ EINKAUFEN

SOCIÉTÉ L'UNIVERS DE LA SOIE NATURELLE

In dem Laden in einer Seitenstraße der Medina bekommen Sie handgewebte Seidenschals, außerdem elegante Seidenpantoffeln und Kissenbezüge. *1, Rue el-Mansour*

■ ÜBERNACHTEN

MAHDIA PALACE *Insider Tipp*

Das elegante Hotel am Strand von Mahdia besitzt alle Annehmlichkeiten wie z. B. einen riesengroßen Pool, ein Hallenbad, ein hervorragendes Pensionsrestaurant, ein 9-Loch-Green und ein Wellnesscenter, in dem Sie sich mit Thalassotherapie und Kneippkuren verwöhnen lassen können. *450 Zi. | Zône Touristique | Tel. 73 68 37 77 | Fax 73 68 38 10 | www.mahdiapalace.com | €€€*

■ FREIZEIT & SPORT ■

Der helle Sandstrand erstreckt sich von der Altstadt in einem weiten Bogen nach Norden; am Strand Verleih von Tretbooten, Windsurfbrettern etc.

■ AUSKUNFT ■

OFFICE DE TOURISME
Rue El-Hoez | Tel. 73 68 10 98

■ ZIELE IN DER UMGEBUNG ■

EL-DJEM ⭐   [119 D4]

Schier endlos erscheinen die Olivenpflanzungen links und rechts der Straße von Mahdia ins 42 km entfernte El-Djem. Bereits in römischer Zeit war dieser Sahel genannte Teil Tunesiens Hauptanbaugebiet für die ölhaltige Frucht, aus der man Seifen und Lampenöl herstellte. Die Großgrundbesitzer waren so wohlhabend, dass sie sich größten Luxus leisten konnten – einige der kunstvollsten Mosaikböden der Museen in Tunis und Sousse stammen aus der Region El-Djem. Und da das Leben in der afrikanischen Provinz wohl eher langweilig war, ließen die Bürger von El-Djem gleich drei Amphitheater errichten. Eines, heute als Weltkulturerbe geschützt, steht noch und ist so monumental, dass El-Djem im Vergleich dazu aussieht wie eine

Spielzeugstadt: Mit 148 m Länge, 120 m Breite und einer Höhe von 40 m überragt das drittgrößte Amphitheater des römischen Reichs die umliegenden Häuser. Im 2. Jh. gebaut, wurde es nie in Betrieb genommen;

Das Amphitheater von El-Djem

die gruseligen Zellen und Verliese im Untergeschoss haben also weder wilde Tiere noch Gladiatoren oder verfolgte Christen beherbergt *(in der Ortsmitte | tgl. 7–19, im Winter 8–17 Uhr | 6 TND).* Der Eintritt berechtigt auch zum Besuch des *Musée Archéo-*

logique am südlichen Stadtrand, in dem einige sehr schöne Mosaiken zu besichtigen sind. Außerdem können Sie in der *Maison d'Africa,* einer rekonstruierten römischen Villa, nachempfinden, wie es sich so als Gutsbesitzer lebte *(Öffnungszeiten wie das Amphitheater).*

ÎLES KERKENNAH [119 F6]

Die beiden flachen Inseln *Gharbi* und *Chergui* im Golf von Sfax waren früher ein Verbannungsort – angefangen mit Hannibal bis zum ersten tunesischen Präsidenten Habib Bourguiba haben hier viele Exilanten zwangsweise logiert. Heute sind sie ein Ziel für Reisende, die absolute Ruhe suchen. Die rund 15 000 Einwohner der durch eine Dammstraße verbundenen Eilande leben von etwas Landwirtschaft und Fischfang.

Palmen am Strand: Insel Gharbi

Einige einfache Hotels liegen am sandigen Strand von *Sidi Frej* auf Chergui. Das Meer ist hier allerdings so flach, dass an richtiges Schwimmen nicht zu denken ist. Warum also auf die Kerkennah-Inseln? Suchen Sie sich einen Fischer, der Sie für ein paar Dinar auf seiner Feluke mitnimmt  und Ihnen zeigt, wie traditionell mit v-förmigen, aus Palmwedeln gearbeiteten Reusen gefischt wird. Danach brät er vielleicht den frischen Fang auf einem Grill, die Sonne geht unter – friedlicher und idyllischer werden Sie Tunesien kaum erleben. Übernachtungsempfehlungen gibt es keine; für ein, zwei Nächte lässt es sich im *Grand Hotel (Sidi Frej | Tel. 74 48 98 61 | Fax 74 48 18 66 | €€)* aushalten. Die Fährschiffe von Sfax fahren im Winter achtmal täglich, im Sommer fast stündlich.

SFAX [119 E6]

Noch ist Tunesiens zweitgrößte Stadt (250 000 Ew., 105 km von Mahdia) ein touristischer Geheimtipp. Hinter dem Ring von Industrie, Hafen und modernen Wohnvierteln verbirgt sich eine ⭐ Medina, die zu den schönsten und ursprünglichsten des Landes gehört. Sie ist vollständig von einer im 9. Jh. erbauten Stadtmauer umschlossen. Im Zentrum befindet sich die 849 errichtete *Große Moschee,* deren Minarett an die Sidi-Oqba-Moschee in Kairouan erinnert. Nördlich des Gotteshauses reihen sich die Souks der verschiedenen Handwerker und Händler aneinander; für Touristen produzierte Ware ist kaum zu sehen. Stattdessen stapeln sich im *Souk d'Etoffes* die Stoffballen, und im *Souk des Bijoutiers* glitzern Gold-

Die Medina von Sfax ist vollständig von Mauern umgeben

und Silberschmuck. Das Museum *Dar Jallouli* präsentiert Möbel, Kunsthandwerk und Kleidung im eleganten Ambiente eines Palasts aus dem 17. Jh. *(Rue Cheich Sidi Ali Ennouri | Di–So 9.30–16.30 Uhr | 2 TND).* Im Café ▶▶ *Diwan* unweit des gleichnamigen Medinators können Sie eine angenehme Rast bei einem *thé à la menthe* einlegen.

Insider Tipp

SOUSSE

[119 D1] **Von wehrhaften Mauern umschlossen, birgt die zum Unesco-Welterbe zählende Medina von Sousse auf kleinstem Raum einzigartige Architekturdenkmäler, ein herrliches Mosaikmuseum und ein buntes Labyrinth von Soukgassen.**
Gleich vor den Toren der Altstadt beginnt ein von Hotels gesäumter Traumstrand, der bis ins rund 10 km nördlich gelegene Port el-Kantaoui reicht. Die Hotelzone im Süden erstreckt sich entlang der feinsandigen Küstenlinie bis nach Monastir. Sousse (200 000 Ew.) ist nicht nur die touristische, sondern auch die

wirtschaftliche Hauptstadt des Sahel mit einem großen Fischerei- und Industriehafen, zahlreichen olivenverarbeitenden Fabriken und einem modernen Messegelände. Von Phöniziern gegründet und von Römern übernommen, kann Sousse auf eine bald dreitausendjährige Geschichte zurückblicken. Stadtmauern und Kasbah wurden im 9. Jh. von den Aghlabiden errichtet. Im 16./17. Jh. nisteten sich Korsaren ein, und im 19. Jh. wurde unter französischer Ägide die Neustadt gebaut. Im Zweiten Weltkrieg richteten Bombardements großen Schaden an. Damals wurde auch die Bresche in die Stadtmauer gesprengt, durch die die meisten Besucher heute die Medina betreten.

■ SEHENSWERTES ■

CATACOMBES DU BON PASTEUR

Der Eingang zu den frühchristlichen Katakomben liegt südwestlich der Medina in der Neustadt. In Sousse wurden vier Katakomben mit über 15 000 Grabstätten gefunden. Die des *Guten Hirten* (2.–4. Jh.) sind auf einer Länge von 230 m zugänglich. *Rue Abdel Hamid Essaka | Di–So 9–19, im Winter–17 Uhr | 1,5 TND*

GRANDE MOSQUÉE

Nach dem Vorbild der Sidi-Oqba-Moschee von Kairouan wurde die Große Moschee als Teil der Stadtbefestigung erbaut und mit zwei Wachtürmen gesichert. Einer wurde im 11. Jh. in ein Minarett umgewandelt. Der Innenhof ist auf drei Seiten von schmucklosen Arkaden umgeben; an der vierten Hofseite liegt der Gebetsraum hinter einer erst im 17. Jh. angebauten Galerie. Wehrhaft und schlicht, vermittelt das Gotteshaus einen Eindruck davon, wie die ersten Moscheen auf tunesischem Boden ausgesehen haben. Für Nichtmuslime ist nur der Innenhof zugänglich. *Sa–Do 8–14, Fr–13 Uhr | 1,5 TND*

MUSÉE ARCHÉOLOGIQUE ★

Das Museum in der Kasbah besitzt nach dem Bardo in Tunis die wohl eindrucksvollste Mosaikensammlung: Berühmte Tableaus wie das „Haupt der Medusa", „Oceanus" mit Langustenhaaren oder „Dionysos auf dem Triumphwagen", den Tiger ziehen, sind hier zu sehen. Die meisten stammen aus dem 2./3. Jh. und wurden in der Nähe von Sousse oder El-Djem entdeckt. Der idyllische Museumsgarten lädt zur Rast zwischen Säulenstümpfen und Zypressen. *La Kasbah | Di–So 9–18 Uhr | 3 TND*

Insider Tipp

RIBAT ★

Der Wehrbau war früher eine Art muslimisches Kloster für Kriegermönche. Eine Kette solcher Ribats schützte die tunesische Küste und diente den Menschen im Angriffsfall als Unterschlupf. Dieses Ribat wurde 821 auf nahezu quadratischem Grundriss mit drei runden Ecktürmen errichtet; der ❋ vierte, über 27 m hohe Turm kam wohl später hinzu und bietet heute einen herrlichen Panoramablick über die Medina. Das Zugangstor in der Südmauer ist mit

Orientalische Atmosphäre: Straßenhändler in Sousse

ZENTRALTUNESIEN

einem gotisch anmutenden Kreuz-
gratgewölbe geschmückt. Ansonsten
ist auch dieser faszinierende Bau völlig schlicht: den Innenhof umgeben
die Zellen der Kriegermönche, in der
ersten Etage befindet sich ein einfacher Gebetsraum. *Tgl. 8–19, im Win-
ter 8–17.30 Uhr | 3 TND*

SOUKS
Es kostet etwas Energie, die erste
Barriere der Souvenirläden mit ihren
oft übereifrigen Verkäufern zu über-
winden, die den Eingang zum Souk
blockieren. Aber dahinter eröffnet
sich dann ein Reich der Glitzerstoffe
und Parfüms, der Schuhe, Halsketten
und Kofferradios, der Fleischer und
Gewürzverkäufer, dessen ==Unver-
fälschtheit== wirklich faszinierend ist.
Man kann sich zwar leicht verlaufen,
aber auch schnell wieder herausfin-
den – sanft bergauf gehts in Richtung
Kasbah, bergab zu Ribat und Moschee.

Insider Tipp

◼ ESSEN & TRINKEN
CAFÉ EL KASBAH
Ein buntes Sammelsurium von Möbeln und Dekor aus allen Teilen Tunesiens bildet die Einrichtung dieses
originellen Cafés in der Medina; für
den kleinen Hunger gibts Omeletts,
briks und Nudelgerichte. *Rue Souk
el-Caid | tagsüber bis 20 Uhr*

L'ESCARGOT
Das Restaurant serviert stets frischen
Fisch und Meeresfrüchte; das Fleisch
kommt vom Holzkohlegrill. Spezialität des Hauses sind, wie der Name
sagt, Schnecken. *87, Boulevard de la
Corniche | Tel. 73 22 47 79 | kein Ru-
hetag | €€*

LE LIDO
Das angenehme Restaurant mit holz-
getäfelten Räumen gegenüber dem
Hafen ist auch bei Tunesiern sehr
beliebt und daher häufig voll; Couscous erhalten Sie hier auch ohne
Vorbestellung. *Boulevard Moham-
med V | Tel. 73 22 53 29 | kein Ruhe-
tag | €€*

◼ EINKAUFEN
Die Souks von Sousse sind ein einzi-
ges riesiges Einkaufsparadies. Sie
bekommen hier tunesisches Kunsthandwerk und sehr preiswerte und
schicke Schuhe; Jugendliche können
begehrte Schuhmarken zu einem
günstigen Preis erstehen. Aber Ach-
tung, viele sind gefälscht!

◼ ÜBERNACHTEN
KARTHAGO EL KSAR
Komfortables, wie eine Lehmburg
um die herrliche Poollandschaft er-
bautes Strandhotel, gepflegter
Strand; es gibt auch Studios mit Kü-
chenzeile. *336 Zi. | Boulevard du 7
Novembre | Tel. 73 24 04 60 | Fax
73 24 46 00 | www.karthagohotels.
com | €€€*

LA MÉDINA
Das einfache Hotel in einem alten
Medinahaus befindet sich neben der
Großen Moschee; die Zimmer sind
alle mit WC und Bad ausgestattet.
*50 Zi. | Rue Othman-Osman | Tel.
73 22 17 22 | Fax 73 22 17 94 | €*

◼ AM ABEND
BORA BORA ▶▶
Der Openairnachtclub neben dem
Hotel Ksar ist nur im Sommer geöff-
net, dann aber überaus beliebt.

SOUSSE

OFFICE DE TOURISME

1, Avenue Habib Bourguiba | Tel. 73 22 51 57 | Fax 73 22 42 62

■ ZIELE IN DER UMGEBUNG ■

MONASTIR [119 E1–2]

Auch im 20 km nordöstlich von Sousse gelegenen Monastir sind Ribat und Große Moschee aus der Zeit der Aghlabiden erhalten. Das Ribat wurde allerdings unter anderem für Dreharbeiten so oft umgebaut, dass die Grundstruktur kaum noch zu erkennen ist. Das in einem Flügel untergebrachte *Musée Islamique* zeigt einige sehr wertvolle Exponate islamischer Kunst *(tgl. 8–19, im Winter bis 17.30 Uhr | 3 TND)*. Tunesiens erster Staatspräsident Habib Bourguiba, 1903 in Monastir geboren, ließ gegenüber dem Ribat ein prunkvolles Mausoleum bauen und dafür den alten islamischen Friedhof planieren. Sein Grabmal ist eine wichtige politische Pilgerstätte *(Mo–Do 14–16.30, Fr–So 9–16.30 Uhr)*. Im *Port de Plaisance*, der kleinen Marina von Monastir, ankern Yachten aus aller Welt. Unter den vielen Restaurant am Hafenbecken ist das *Lostania (Tel. 73 46 23 05 | kein Ruhetag | €€)* mit italienisch-tunesischer Küche empfehlenswert. Eine einfache Unterkunft bietet die *Residence Corniche (15 Zi. | Place 3 Août | Tel. 73 46 14 51 | Fax 73 46 14 51 | €)* mit ordentlichen, sauberen Zimmern. Komfortabler wohnen Sie im Fünfsternepalast *Royal Miramar Thalasso (240 Zi. | Tel. 73 52 14 44 | Fax 73 52 14 75 | www.miramartuni*

❯ OLIVEN
Tunesiens wichtigstes Exportgut wächst im Sahel

Sandige Böden, unregelmäßige und geringe Niederschläge – für den knorrigen Olivenbaum sind dies ideale Bedingungen. Deshalb wurden die Böden des tunesischen Sahel bereits in römischer Zeit mit Oliven bepflanzt. Welch hohen Ertrag die grüne Frucht brachte, spiegelt sich in den prunkvollen Bauten des 2./3. Jhs. Eine neue Hochzeit der Olive brach im 19. Jh. an: Unter französischem Protektorat entstanden riesige Staatsgüter wie zum Beispiel die Domaine d'Enfida zwischen Sousse und Hammamet. Heute steht Tunesien mit einer Produktion von 230 000 t Olivenöl an vierter Stelle auf dem Weltmarkt; unter den Exporteuren ist das Land mit 180 000 t führend.

Zentrum für Wassersportler: In Port el-Kantaoui fehlt es an nichts

sia.com | €€€) in einem üppigen Garten im Nachbarort Skanès.

PORT EL-KANTAOUI [113 D1]

Rund 10 km nördlich von Sousse ist um den in den 1970er-Jahren erbauten Yachthafen Port el-Kantaoui eine lebhafte Hotel- und Vergnügungszone entstanden. Manche empfinden sie als zu künstlich, die meisten Urlauber schätzen sie aber als charmanten Ferienort. Auch hier locken Strände mit feinstem Sand, komfortable Hotels und eine Vielzahl sehr guter Restaurants. Boutiquen, Souvenirläden und Cafés säumen das Hafenbecken, Piraten- und Glasbodenboote bieten Ausflugsfahrten an, und im *Oasis Park Botanique (tgl. 8–19 Uhr | 3,5 TND)* freuen sich die Kinder über die putzigen Meerschweinchen, während die Erwachsenen tunesische Flora bewundern. Nach Sousse fahren regelmäßig die weißblauen Touristenbähnchen. Unter den vielen Hotels hat das Traditionshaus *Hasdrubal* einen hervorragenden Ruf *(230 Zi. | Tel. 73 34 89 44 | Fax 73 34 89 69 | www.hasdrubal-thalassa.com | €€€)*. Individueller sind die Ferienanlagen *Les Maisons de la Mer* rund ums Hafenbecken und *Les Maisons des Jardins* um Springbrunnen und Park gegenüber *(1250 Zi. | Tel. 73 34 87 99 | Fax 73 34 89 61 | www.portelkantaoui.com.tn | €€)*. Delikate Küche mit frischem Fisch genießen Sie im *Les Emirs (Tel. 73 34 87 00 | kein Ruhetag | €€€)* oder im *L'Escale (Tel. 73 34 72 20 | kein Ruhetag | €€)* am Hafenbecken. Der 36-Loch-Golfplatz *El-Kantaoui Golf (Tel. 73 34 87 56)* unter Oliven- und Granatapfelbäumen stellt auch anspruchsvolle Spieler zufrieden. Wenn Sie die Fische nicht nur durch den Glasboden eines Boots beobachten wollen, entführen Sie die Tauchexperten vom *Club Sdanek (Tel. 73 24 63 74)* zu Exkursionen unter Wasser. Ihnen ist das Meer zu langweilig? Dann können Sie sich auf den Wasserrutschen und Strömungskanälen des *Aqua Palace (tgl. April–Juni und Sept.–Nov. 9.30–18, Juli/Aug. 9–22 Uhr | 14 TND)* austoben.

> VON DER KÜSTE IN DIE WÜSTE

Tunesiens Süden reizt mit
kultureller und landschaftlicher Vielfalt

> Kilometerlange flache Sandstrände, grüne Palmenoasen, bizarr erodierte Gebirgslandschaften und Salzseen mit tanzenden Luftspiegelungen, uralte Oasenstädtchen und wehrhafte Ksar-Burgen; das ist die archaische, überaus faszinierende Seite Tunesiens.

Den Berbern, den Ureinwohnern Nordafrikas, begegnen Sie in den Trichterhäusern um Matmata, in den Höhlendörfern bei Tataouine und sogar auf der Badeinsel Djerba. Nur an

Djerbas Stränden zu verweilen wäre also schade: Der Grand Sud, der tiefe Süden, ist zum Greifen nahe. Ausführliche Informationen zu dieser Region finden Sie im MARCO POLO Band „Djerba – Südtunesien".

DJERBA

[121 E2] Ein breiter Gürtel von Dattelpalmen rahmt die 514 km² große Insel im Golf von Gabès entlang der breiten Sand-

Bild: Chenini

SÜD
TUNESIEN

strände von Sidi Mahrès und der Plage de la Seguia ein. Djerba ist ein Urlaubsparadies par excellence, zugleich aber auch eine Insel mit sehr eigenständiger Kultur, die maßgeblich von den berberstämmigen Ibaditen geprägt ist. Verstreut und in großem Abstand zueinander liegen ihre mit Tonnengewölben bedachten Gehöfte hinter einem stacheligen Schutzwall dichter Hecken. Die meisten Djerbi siedeln auf dem Land; die Städte wie Houmt Souk oder Midoun haben sie den zuziehenden Festlandtunesiern überlassen. Djerba war bereits in der Antike bekannt, und Homer berichtete über die „Insel der Lotosesser" in der Odyssee. Auf Phönizier folgten Römer und Byzantiner, schließlich kamen 667 die arabisch-islamischen Eroberer, und Mitte des 16. Jhs. nahm der berüchtigte Korsar Dragut im heutigen Houmt Souk seinen Stützpunkt.

DJERBA

■ SEHENSWERTES ■

DJERBA EXPLORE

Insider Tipp

Der Kulturkomplex am Leuchtturm Rass Taguerness besteht aus der Krokodilfarm *Animalia,* dem Museumsdorf *Djerba Heritage,* die beide überwiegend Kinder ansprechen (siehe Kapitel „Mit Kindern reisen"), und

Krokodile im Erlebnispark Djerba Explore

dem überaus sehenswerten *Museum islamischer Kunst,* das mit über 3000 Exponaten nicht nur tunesische Kunst, sondern auch die Einflüsse aus dem Vorderen Orient und dem saharischen Raum zum Thema hat. *Sommer tgl. 9–20, Winter bis 17.30 Uhr | 5 TND, Kombiticket 7,30 TND*

EL-MAY

Die aus dem 16. Jh. stammende Moschee in der Inselmitte besitzt alle Charakteristika der Ibaditenarchitektur: Der gedrungene, von mächtigen Stützpfeilern stabilisierte Bau ist weiß gekalkt; das Vierkantminarett läuft in einer stumpfen, zuckerhutförmigen Spitze aus; Gebetssaal und die Räume für die Waschungen sind um einen Innenhof angeordnet, unter dem sich die Zisterne befindet. Der äußere Eindruck ist der einer Burg, weniger eines Gotteshauses. Nichtmuslime haben keinen Zutritt.

GUELLALA

Berühmt ist der Ort (8000 Ew.) im Süden Djerbas für die Kunstfertigkeit seiner Töpfer. Allerdings wird keine dekorative bunte Keramik gebrannt, die Tonwaren sind archaisch und unlasiert. Ein Hügel, die einzige Erhebung Djerbas, liefert den Lehm, aus dem die Töpfer die schweren Tonkrüge zur Aufbewahrung von Lebensmitteln und die kleinen Gefäße für den Krakenfang formen.

HARA SEGHIRA (ERRIADH)

Der Ort 9 km westlich von Houmt Souk besitzt mit der ★ *Synagoge La Ghriba* das bedeutendste jüdische Pilgerziel Nordafrikas. 586 v. Chr. soll sich die erste jüdische Gemeinde niedergelassen und eine Synagoge errichtet haben. Der heutige Bau entstand erst 1920, doch die darin aufbewahrte Thorarolle zählt zu den ältesten weltweit. 2002 verübten radikale Islamisten einen Anschlag auf La Ghriba. Seither ist die Synagoge streng bewacht. Im Innern können Sie schönes Majolikadekor und üppige Schnitzarbeiten bewundern. Zutritt nur mit Kopfbedeckung. *So–Do 9.30–12.30 und 14.30–17 Uhr, Fr nur vormittags | 1,5 TND*

HOUMT SOUK

Die lebhafte Inselhauptstadt (40000 Ew.) an der Nordküste empfängt ihre Besucher mit einer strahlend weißen Medina. Zentrum sind die teils überwölbten Souks zwischen *Square Mongi Bali* und *Place Hedi Chaker*. Das Warenangebot besteht zwar fast ausschließlich aus Souvenirs, doch Sie können immer noch Entdeckungen machen, so im *Souk des Orvèvres,* wo sich zierlicher Filigranschmuck findet. Beim Bummel durch die Altstadt passieren Sie zahlreiche *foundouks*. Diese dienten den Händ-

In der Synagoge La Ghriba

lern einst als Warenlager und Unterkunft, einige sind heute zu einfachen Hotels umgebaut. Das im 15. Jh. errichtete *Bordj el-Kebir,* die große

MARCO POLO HIGHLIGHTS

⭐ **Synagoge La Ghriba**
Ältestes Zeugnis jüdischer Kultur in Nordafrika (Seite 70)

⭐ **El-Hofra-Düne**
Hinter Douz beginnt eines der größten Sandmeere der Sahara (Seite 75)

⭐ **Ouled el-Hadef**
Die Altstadt von Tozeur besitzt wegen ihrer dekorativen Ziegelarchitektur ein ganz besonderes Flair (Seite 81)

⭐ **Ksar Ghilane**
Eine winzige Oase und ein altes Fort in den Weiten der Wüste (Seite 77)

⭐ **Bergoasen**
Chebika, Tamerza und Midès liegen in einer wildromantischen Region (Seite 83)

⭐ **Matmata**
In Trichterhäusern schützten sich die Berber von Matmata vor Angreifern (Seite 78)

⭐ **Chenini und Douiret**
In den beiden Bergdörfern leben die Berber in Wohnhöhlen (Seite 80)

⭐ **Ksar Ouled Soltane**
Als Speicherburg und Marktplatz dient dieses Ksar teils noch heute (Seite 80)

⭐ **Chott el-Djerid**
Auf dem riesigen Salzsee werden Sie mit Sicherheit eine Fata Morgana sehen (Seite 84)

⭐ **Nefta**
Kuppeln und Moscheen prägen die heilige Stadt (Seite 85)

Festung, lässt die kriegerischen Auseinandersetzungen um Djerba in Gedanken wieder aufleben. Es beherbergte berüchtigte Piraten wie Dragut oder die Brüder Barberousse *(tgl. 8–19, Winter 9.30–16.30 Uhr | 3 TND)*.

MIDOUN

Djerbas zweitgrößtes Städtchen im Osten (9000 Ew.) ist kaum mehr als ein großer Markt. Keramik, Kaftane und Stoffkamele füllen die Regale. Da Midoun bis ins 19. Jh. Umschlagplatz für den Sklavenhandel war, werden Sie hier vielen dunkelhäutigen Menschen begegnen. Die Umgebung Midouns ist mit zahlreichen *menzeln* gesprenkelt, den Gutshöfen der Ibaditen. Bei einer Fahrradtour lässt sich diese archaische Kulturlandschaft gemächlich erkunden. Nur 4 km nach Norden finden Sie beispielsweise die aufgelassene Moschee Djamel-Fadhium in typischer festungsartiger Bauweise mit einer

Zisterne und einem konisch geformten Minarett.

MUSÉE DES ARTS ET TRADITIONS POPULAIRES

Das Volkskundemuseum von Houmt Souk residiert in einer Zaouia, einem theologischen Komplex mit Moschee und Unterrichtsräumen des 18. Jhs. Im ehemaligen Gebetssaal finden Sie Trachten der Djerbi, die Bibliothek zeigt islamische Manuskripte, weitere Räume widmen sich der Goldschmiedekunst, der Töpferei und weiterem Kunsthandwerk. *Avenue Abd el-Hamid el-Kadhi | Sa–Do April–Sept. 8–12 und 15–19 sonst 9.30–16.30 Uhr | 3 TND*

MUSÉE DE GUELLALA

Alltagstrachten, aufwendige Brautkleider, islamische Kalligrafie, Töpferei – das moderne und hübsch gestaltete Museum am höchsten Punkt Djerbas über dem Töpferdorf Guel-

> BÜCHER & FILME
Das Land ist stolz auf große Talente

> Die Salzsäule – (2002): Nur wenige tunesische Autoren wurden ins Deutsche übersetzt. Der berühmteste ist Albert Memmi, der hier seine Jugend erzählt.

> Adieu Rosalie – (2004): Der in Deutschland lebende Hassouna Mosbahi setzt sich ironisch mit seinem Exil auseinander.

> Bajas Liebhaber – (2006): Lesenswerter und amüsanter Roman von Habib Selmi.

> Halfaouine – (1990): Der Film von Ferid Boughedir erzählt vom Leben

eines Jungen im gleichnamigen Stadtteil von Tunis.

> Les Silences du Palais – (1993): Der Film von Moufida Tlati, für den sie 1994 die Goldene Kamera in Cannes bekam, führt eine junge Sängerin zurück in die Kindheit in einem Palast einer großbürgerlichen Familie.

> Bab'Aziz – (2005): Der Film des Malers, Schriftstellers und Regisseurs Nacer Khemir schickt die Zuschauer mit einem blinden Derwisch und seiner kleinen Enkelin auf eine magische Reise durch die Wüste.

lala zeigt einen sehenswerten Querschnitt der inseleigenen Traditionen. *An der Straße von Guellala nach Sedouikech | Mitte Juli–Aug. tgl. 8–22, sonst 8–18 Uhr | 5 TND*

■ ESSEN & TRINKEN ■

BACCAR

Eines der Restaurants der ersten Stunde in Houmt Souk und sehr gelobt für die stets frischen Fischgerichte. *Place Hedi Chaker | Tel. 75 65 07 08 | kein Ruhetag | €€*

DAR DHIAFA

Im Restaurant des charmanten Hotels in Hara Seghira (Erriadh) wird Ihnen eine überaus wohlschmeckende Fusion mediterraner und tunesischer Küche serviert. *Tel. 75 67 11 66 | tgl. 12–14 und 19–22 Uhr | €€*

EL-GUESTILE

Das charmante Restaurant in Midoun schmückt sich mit hübschem Keramikdekor und Jasminkaskaden. Die Küche serviert tunesische Standards, die von guter Qualität sind. *21, Rue Marsa Ettefa | Tel. 75 65 77 24 | kein Ruhetag | €€*

PAPAGALLO

Italienische Spezialitäten gibt es häufig in Tunesien, aber hier kommen Pizza, Lasagne und Spaghetti aus fachkundiger italienischer Hand und schmecken ganz hervorragend! *Avenue Habib Bourguiba | Mobiltel. 21 41 62 16 | kein Ruhetag | €€*

■ EINKAUFEN ■

Auf dem Markt von Midoun und in Guellala bekommen Sie schöne Keramikwaren, die allerdings nicht aus Djerba, sondern aus Nordtunesien stammen. Ein beliebtes und in allen Läden verkauftes Souvenir sind Naturschwämme aus den Gewässern um die Insel.

■ ÜBERNACHTEN ■

Zahlreiche Hotels aller Kategorien gibt es entlang der Strände von Sidi

Typisches Angebot auf einem Inselmarkt

Mahrès und Seguia. Ausführliche Hotelbeschreibungen und Bewertungen finden Sie auf *www.djerba-reise info.dc*.

DAR DHIAFA

Insider Tipp

Dieses zauberhafte, geschmackvoll mit ausgesuchten Möbeln eingerich-

DJERBA

Tunesiens Küste ist mehr als 1300 km lang und hat wunderbare Strände

tete Hotel liegt nicht am Meer. Dafür aber werden Sie nach allen Regeln der Kunst verwöhnt. Im Hammam können Sie bei traditioneller Massage entspannen, die Küche ist delikat, der Pool ruhig und intim. *10 Zi. | 4 Suiten | Erriadh | Tel. 75 67 11 66 | Fax 75 67 07 93 | http://hoteldardhi afa.com | €€–€€€*

DAR SALEM
Modernes, familiäres Dreisternehaus in zweiter Reihe am Strand von Sidi Mahrès, mit Swimmingpool und zweckmäßig eingerichteten Zimmern. *24 Zi. | Tel. 75 75 76 67 | Fax 75 75 76 77 | €€*

ERRIADH
Stadthotel in Houmt Souk in einem ehemaligen Foundouk. Hübsche, einfache Zimmer um einen großen Innenhof. *30 Zi. | 10 | Rue Mohammed el-Ferjani | Tel. 75 65 07 56 | €*

LES SIRÈNES
Die Anlage in einem alten, eingewachsenen Garten erhielt kürzlich

ein Facelifting mit Viersterneneubau und Thalassozentrum; preiswerter sind die älteren Zimmer im Haupthaus. *296 Zi. | Plage de Sidi Mahrès | Tel. 75 75 74 03 | Fax 75 75 72 67 | €€–€€€*

■ FREIZEIT & SPORT
An den Hotelstränden im Nordosten finden Sie ein großes Sport- und Freizeitangebot.

GOLF
Die drei 9-Loch-Greens des *Djerba Golf Club* unweit der Hotels Djerba Plaza stellen Anfänger ebenso zufrieden wie Fortgeschrittene. *Tel. 75 74 50 55 | www.djerbagolf.com*

KITESURFEN ▶▶
Die deutschsprachige Kite- und Windsurfschule *Les Dauphins* liegt im Süden Djerbas an der Bucht zwischen der Insel und der Landzungen von Zarzis. Kurse für Anfänger und Fortgeschrittene, auch mit Kitebuggys. *Mobiltel. 00216/98 96 61 12 | Fax 75 70 58 44*

STRÄNDE

Djerbas Hauptstrand ist die 17 km lange *Plage de Sidi Mahrès* im Nordosten. Er ist bis zu 50 m breit und fällt flach ins Meer ab. Liegestuhl- und Sonnenschirmverleih, diverse Sportangebote sowie Imbissbuden und Cafés sind zahlreich vertreten. Daran schließt nach Südosten der deutlich schmalere, stellenweise auch steinige Strand von *Seguia* an.

■ AUSKUNFT

SYNDICAT D'INITIATIVE
Place des Martyrs | Tel. 75 62 26 66

DOUZ

[120 C2] Die lebhafte Kleinstadt (45 000 Ew.) am Südstrand des Salzsees Chott el-Djerid wird gern als Tor zur Wüste bezeichnet. Tatsächlich reichen die Dünen eines der größten zusammenhängenden Sandgebiete der Sahara, des Großen Östlichen Erg, bis an die Palmenoase südlich von Douz heran. Douz' Wirtschaft stützt sich heute fast ausschließlich auf den Tourismus.

■ SEHENSWERTES

EL-HOFRA-DÜNE ★ ❋

Die große Düne im Süden, unmittelbar bei der Hotelzone, ist besonders am späten Nachmittag ein herrliches Fotomotiv. Von ihrem Kamm blicken Sie weit über das Sandmeer des Großen Östlichen Erg. Leider werden Sie dieses Vergnügen selten für sich allein haben: Hartnäckige Kameltreiber bieten ihre Tiere für kurze oder längere Exkursionen an. Ein Tipp: Wenn nachts Ruhe einkehrt, können Sie die faszinierende Wüstenland-

schaft im kühlen Licht des Mondes ungestört genießen.

MARKT

An einem am Ortsrand gelegenen, ummauerten Platz wird am Donnerstagvormittag ein Viehmarkt gehalten. Nomaden und Bauern bringen Ziegen, Schafe, Hühner, Esel und Dromedare nach Douz. Auch Wanderheiler sind mit geheimnisvollen Tinkturen und machtvollen Amuletten vertreten.

Insider Tipp

MUSÉE DU SAHARA

Kleine, aber durchaus interessante Ausstellung über das Leben der No-

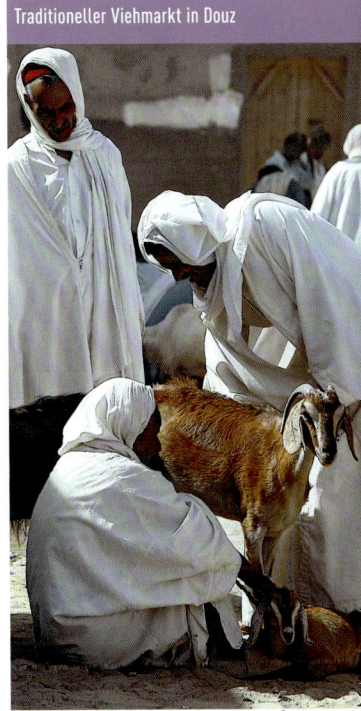

Traditioneller Viehmarkt in Douz

maden. *Avenue des Martyrs | Juni–Aug. Di–So 7–11 und 16–19, sonst 9.30–16.30 Uhr | 1,5 TND*

■ ESSEN & TRINKEN ■

ALI BABA

Einfache tunesische Standardküche in einem angenehmen Innenhof. *5, Avenue Habib Bourguiba | Tel. 75 47 24 98 | kein Ruhetag | €*

LA ROSA

Das einfache Restaurant im Zentrum wird aufmerksam und sympathisch geführt. Es gibt wohlschmeckende tunesische Spezialitäten wie die *doigts de fatima. Avenue du 7 Novembre | Tel. 75 47 16 60 | €*

TEJ ELKHAYEM

Speisen unterm Sternenhimmel oder bei kühler Witterung in Beduinenzelten am Rand der Dünen. Zu Couscous oder gegrilltem Lamm gibt es oft auch Folklorevorführungen. *Zwischen Festivalgelände und Hotel Méhari | Tel. 75 47 24 46 | kein Ruhetag | €€*

■ ÜBERNACHTEN ■

EL-MOURADI

Hotel an der großen Düne in einem hübschen Garten mit Pool und Hallenbad; geschmackvolle Zimmer, gutes Restaurant. *180 Zi. | Tel. 75 47 03 03 | Fax 75 47 09 05 | www.elmouradi.com | €€€*

SAHARIEN PARADISE

Mittelklassehotel in der Palmenoase mit hübsch eingerichteten Zimmern und mehreren Pools. *155 Zi. | Tel. 75 47 13 37 | Fax 75 47 03 39 | www.sdts.tourism.tn | €€*

Rechtzeitig zur Abenddämmerung erreicht die Karawane Ksar Ghilane

▪ FREIZEIT & SPORT ▪

DROMEDARREITEN

Der ein- bis dreistündige Ritt auf dem Kamel durch die Dünenwüste gehört zum klassischen Ausflugsprogramm; die Kamelführer sind im *Syndicat d'Initiative* organisiert. Dort bekommen Sie Auskunft über die aktuellen Preise *(hinter dem Touristenbüro | Tel. 75 47 03 41).* Intensiver ist das Erlebnis im Rahmen einer mehrtägigen Trekkingtour, wie sie u. a. *Douz Voyages* anbietet; übernachtet wird in Nomadenzelten. Ziel ist z. B. Ksar Ghilane. *Douz Voyages | 7 | Avenue Taieb Mehiri | Tel. 75 47 01 78 | www.chez.com/douzvoyages*

▪ AUSKUNFT ▪

OFFICE DE TOURISME

Avenue des Martyrs | Tel. 75 47 03 51

▪ ZIEL IN DER UMGEBUNG ▪

KSAR GHILANE ⭐   [120 C3]

Eine Palmenoase in der Weite der Sahara, dort, wo Sand- und Kieswüste sich treffen; zwischen hohen Dünen Mauern einer römischen Festung, die Fremdenlegionäre zu einem französischen Fort ausbauten, und mehrere Zeltcamps – das ist Ksar Ghilane. Hier erleben Sie die wahre Sahara. Von Douz folgt man der Straße in Richtung Matmata und biegt nach 68 km auf die von Nord nach Süd führende Pipelinepiste ab. Sie ist zwar nicht asphaltiert, bis auf kurze sandige Abschnitte aber gut befahrbar. Nach weiteren 84 km gehts wieder auf Asphalt 17 km nach Westen. Unterkunft und Essen bieten das luxuriöse *Relais Pansea* im Out-of-Africa-Stil *(Tel. 75 90 05 06 | Fax 75 62 18 72 | www.pansea.com | €€€)* sowie mehrere einfache Camps mit Beduinenzelten, z. B. das *Campement Ghilane (Tel. 75 46 01 00 | €),* in dem Sie auch Ihr eigenes Zelt aufstellen können.

GABÈS

[121 D2] Die große, vornehmlich moderne Oasenstadt (220 000 Ew.) am Meer ist wegen ihrer ausgedehnten Palmenhaine für jeden von Norden kommenden Reisenden der erste Vorbote der Sahara. Die schattenspendenden Palmenpflanzungen sind ein noch kaum erschlossenes, kleines Paradies.

▪ SEHENSWERTES ▪

MARCHÉ JARA

Der Markt im Stadtteil Grand Jara besteht aus dem touristischen Teil mit Souvenirshops und dem traditio-

Insider Tipp

nellen Bereich um die Große Moschee, in dem vor allem Gewürze und das berühmte Henna aus Gabès verkauft werden. Ein Bummel lohnt besonders in den Vormittagsstunden. Montags ist der Markt geschlossen.

MOSQUÉE DE SIDI BOULBABA

Sidi Boulbaba kam im 7. Jh. nach Gabès. Als Gefährte des Propheten wurde er hoch verehrt, und seine Grabmoschee ist bis heute Ziel vieler Pilger. Schön sind das durch elegante Arkaden gegliederte Eingangsportal und der arkadengesäumte Innenhof. In den Gebetsraum mit dem Grab des Sidi dürfen Nichtmuslime nur einen Blick werfen. *Abseits der Straße in Richtung Matmata | unregelmäßige Öffnungszeiten*

MUSÉE DES ARTS ET TRADITIONS POPULAIRES

Das kleine Museum residiert in einer Medersa aus dem 17. Jh. Gezeigt werden Hausrat, Trachten und Schmuck aus Südtunesien. Von der Dachterrasse herrlicher Blick auf die Palmenoase. *Neben der Moschee Sidi Boulbaba | Di–So April–Sept. 8–13 und 16–19, sonst 9.30–16.30 Uhr | Eintritt 2 TND*

PALMERAIE/OASE

Mit ihren über 300 000 Palmen besitzt sie eine imposante Größe. In der Oase liegen kleine Weiler wie das hübsche Chenini und Attraktionen wie ein zurzeit eher kläglicher Zoo, der aber zu einem attraktiven Naturmuseum ausgebaut werden soll. Auch der aus römischer Zeit stammende Damm, *barrage romaine,* ist kein wirkliches Highlight – doch das dichte Grün der Palmen, das Glucksen und Plätschern des Wassers in den Kanälen und das Zwitschern der Vögel schaffen eine sehr entspannte Stimmung. Am bequemsten erleben Sie die Oase mit der Pferdekutsche, der *calèche.* Die Fahrer warten in *Petit Jara,* nicht weit vom Markt, auf Kunden *(ca. 25 TND für 4 Fahrgäste).*

■ ESSEN & TRINKEN

DE L'OASIS

Gabès' beliebtestes und viel gelobtes Restaurant gibt es bereits seit 1949. Die Klassiker tunesischer Küche finden sich ebenso auf der Karte wie zum Beispiel Paella. *15, Avenue Farhat Hached | Tel. 75 27 00 87 | kein Ruhetag | €€*

■ ÜBERNACHTEN

Sehen Sie von einer Übernachtung in Gabès besser ab – Djerba mit seinen angenehmen Hotels ist nicht weit weg! Im Notfall können Sie im Hotel *Oasis* absteigen und über das zumeist lustlose Personal hinwegsehen *(Route de la Plage | Tel. 75 27 03 81 | Fax 75 27 17 49 | www.sdts.tourism.tn | €€).*

■ AUSKUNFT

OFFICE DE TOURISME

Place de la Liberté | Tel. 75 27 02 55

■ ZIEL IN DER UMGEBUNG

MATMATA ★ [121 D2]

Matmata, 36 km südwestlich von Gabès in rund 500 m Höhe im Dahargebirge, ist auf den ersten Blick als Ort kaum auszumachen. Die in Matmata lebenden Berber bauen ihre Häuser nämlich seit Jahrhunderten in

In Matmata können Sie in einem Höhlenhotel übernachten

die Erde. Von einem zentralen Innenhof aus werden die Räume in den Lehmboden gegraben. Den Zugang zum Innenhof bildet ein langer unterirdischer Gang. Heute leben die meisten Familien unten im Tal im neuen Matmata in normalen Häusern; das alte Matmata zählt noch ganze 2000 Bewohner. Da die Region aber eine große Touristenattraktion ist, kehren viele tagsüber in ihre Trichterbauten zurück und lassen sie gegen einen Obolus besichtigen. Ein besonderer Anziehungspunkt ist das Höhlenhotel Sidi Driss, in dem George Lucas Szenen für „Star Wars" drehte. Den knurrenden Magen besänftigt die bodenständige Küche des einfachen Restaurants *Chez Abdoul (kein Ruhetag | €)* im Zentrum von Alt-Matmata.

TATAOUINE

[121 D3] Dass die 90 000-Einwohner-Stadt zwischen der Djeffaraebene und dem Dahargebirge eine jüngere Gründung ist, sieht man ihr an: Erst die französische Fremdenlegion legte 1912 den Grundstein. Heute ist Tataouine als Ausgangspunkt für Touren zu den Ksour und den Höhlendörfern ein wichtiges touristisches Drehkreuz.

ESSEN & TRINKEN ÜBERNACHTEN

SANGHO PRIVILÈGE

Das komfortable Bungalowhotel liegt am Stadtrand und besitzt ein empfehlenswertes À-la-carte-Restaurant, in dem Sie tunesische und internationale Gerichte bekommen. Hier werden auch Ausflüge zu den Ksour und Höhlendörfern organisiert. *80 Bungalows | Tel. 75 86 01 02 | Fax 75 86 21 77 | www. sangho-tataouine.com | €€*

AUSKUNFT

BUREAU DE TOURISME

Avenue Habib Bourguiba | Tel. 75 85 06 86

TATAOUINE

■ ZIELE IN DER UMGEBUNG ■

CHENINI UND DOUIRET ⭐　　　[121 D3]

Rund 20 km westlich von Tataouine staffeln sich die Mauern des alten Berberorts Chenini, bei einer Ksarruine und einer Moschee beginnend, an einem steilen Hang ins Tal hinunter. Cheninis „Häuser" bestehen aus nebeneinander in den Berg gegrabenen Höhlenräumen. Im Restaurant *Relais de Chenini* am Fuß des Hügels finden Sie einen ortskundigen Führer, der sie durch das Dorf begleitet. Das Höhlendorf *Douiret* 20 km von Chenini ist ähnlich dramatisch gelegen, wird aber seltener von Touristen besucht.

Insider Tipp

KSAR OULED DEBBAB　　　[121 D3]

Der Gebirgszug des Djebel Abiod südlich von Tataouine ist übersät mit den mehr oder weniger gut erhaltenen Ruinen der alten Festungsburgen, der Ksour. Ein Ksar besteht aus Hunderten von Ghorfas, Vorratskammern, die wie Bienenwaben um einen Innenhof neben- und übereinander angeordnet sind. Ksar Ouled Debbab 6 km südlich von Tataouine wurde 1903 aus über 700 Ghorfas errichtet und beherbergt heute die Museumssammlung *Les Trésors de l'Islam* mit wertvollen Exponaten muslimischen Kunstschaffens sowie ein maurisches Café; ein Luxushotel soll demnächst eröffnet werden. *Centre d'Animation Culturel et Touristique | tgl. 7.30–23.30 Uhr | 7 TND*

KSAR OULED SOLTANE ⭐　　　[121 D3]

Auch diese Speicherburg 23 km südlich von Tataouine, die zu Teilen wohl noch aus dem 15. Jh. stammt, ist gut erhalten; sie wurde Ende der 1990er-Jahre restauriert. Die Ghorfas türmen sich um die beiden miteinander verbundenen Innenhöfe bis zu vier Etagen hoch und sind über Treppen erreichbar.

TOZEUR

[120 B2] Über 200 000 Dattelpalmen bilden eine grüne Barriere zwischen dem Salzsee Chott el-Djerid und dem Städtchen Tozeur (70 000 Ew.). In den Oasengärten gedeihen die *Deglet en-Nour*, die, wie es heißt, besten Datteln der

Douiret, ein wenig besuchtes Dorf

Welt. Im 11. Jh. legte der Gelehrte Ibn Chabbat die Regeln nieder, nach denen das Wasser in der Oase verteilt werden sollte. Im Prinzip halten sich die Bauern noch heute daran.

Seit Präsident Ben Ali Anfang der 1990er-Jahre anregte, den touristischen Ausbau der Saharaoasen zu fördern, hat sich in Tozeur vieles verändert: Vor den Toren der Stadt entstanden eine Hotelzone und ein Flughafen. Der große Museums- und Themenparkkomplex *Dar Cheraït* am Stadtrand hat fast rund um die Uhr geöffnet, und mehrere Licht- und-Ton-Schauen locken Besucher in die Oasengärten. Dennoch: Beim Bummel durch die Altstadt und bei der Kutschfahrt durch die Oasengärten bezaubert die alte Saharastadt mit ihrer Lehmziegelarchitektur und dem schattigen Paradies der Palmen.

■ SEHENSWERTES ■

BELVÉDÈRE ☼

Dieser schöne Aussichtspunkt auf einem Granithügel am Rand der Oase stand ursprünglich einsam zwischen Palmen; nun bilden der Golfplatz und die Hotels der Touristenzone den Rahmen für den Sonnenuntergang über Oase und Chott el-Djerid. Dennoch lohnt der etwa zehnminütige Spaziergang zum Belvédère, denn das Spektakel der über Palmkronen und Salzsee versinkenden Sonne ist wunderschön.

DAR CHERAÏT

Das Museum zeigt wertvolle Exponate des Kunsthandwerks, antike Möbel, Waffen, aufwendige Trachten und Kalligrafien. *Route Touristique | tgl 8–24 Uhr | 6 TND*

OULED EL-HADEF ★

Ausgangspunkt für die Besichtigung der Altstadt ist die *Place Ibn Chabbat* im Stadtzentrum. Von hier gehts an der Markthalle entlang zur *Rue de Kairouan,* die den Stadtteil *Ouled el-Hadef* von Süd nach Nord durchquert. Die Straße und die davon abzweigenden Gassen sind gesäumt

Köstliche Datteln aus Tozeur

von Stadthäusern in der traditionellen Ziegelarchitektur: Vorkragende Ziegel bilden geometrische Muster an den Fassaden und halten die Mauern durch den Schattenwurf angenehm kühl. Mehrere Häuser stehen zur Besichtigung; vereinbaren Sie auf jeden Fall vorab einen Eintrittspreis!

MUSÉE DES ARTS ET TRADITIONS POPULAIRES

Dieses kleine Museum in einem Marabout aus dem 17. Jh. kann mit seinem bunten Sammelsurium an Exponaten zwar nicht mit Cheraïts Kostbarkeiten mithalten, dafür besitzt es aber viel mehr Charme. Den verdankt es Souad Khchim, der enthusiastischen Hüterin dieser Schätze, die

nach dem Hotel Continental sehen Sie links die Kutschenstation. Hier können Sie eine *calèche* für die Rundfahrt durch die Oase mieten oder einen individuellen Rundgang beginnen. Im Mai/Juni können Sie zusehen, wie die Palmen künstlich befruchtet werden. Ab November ernten die Männer die reifen Fruchtstände.

Traditionelle Ziegelarchitektur bestimmt das Bild in der Altstadt von Tozeur

jedes Stück anschaulich erläutert. *Rue de Kairouan | Di–So 8–12 und 15–18, Sommer 16–19 Uhr | 1,5 TND*

PALMERAIE/OASE

Hauptverbindung zwischen dem Stadtzentrum und der Touristenzone ist die nach dem in Tozeur geborenen Lyriker Abou el-Kacem ech-Chebbi (1909–34) benannte Straße. Kurz

PLANET OASIS

Ein riesiges, in der Oase aufgebautes Zelt dient als Kulisse für eine Dinnershow mit guter tunesischer Küche, Bauchtanz, Akrobaten und Trommlern. Sind genügend Interessenten anwesend, startet eine eindrucksvolle Licht-Ton-Schau mit abschließender Fantasia. *Reservierung unter Tel. 76 46 03 10, Dinnershow* um 35 TND, Licht-Ton-Schau 20 TND | *www.planet-oasis.com*

■ ESSEN & TRINKEN ■

LA FONTANA

Überkommt Sie in der Wüste das unstillbare Bedürfnis nach Pizza und Pasta? In Signora Robertas Restaurant bekommen Sie italienische Küche mit tunesischer Würze und römischem Charme! *Gegenüber dem Parkplatz des Dar Cheraït | Tel. 76 46 27 76 | kein Ruhetag | €–€€*

CAFÉ MAURE LE JERID ▶▶

Das hübsche maurische Café ist Treffpunkt der Jugend und der Touristen. *An der Route Touristique am großen Tonkrug*

TOZOROUS

Das orientalisch eingerichtete Restaurant führt neben tunesischen Standardgerichten auch *brochettes* mit Kamelfleisch, Putenkebab und die scharfe Gemüsesuppe *chorba. 86, Avenue Abou el-Kacem ech-Chebbi | Tel. 95 60 37 83 | kein Ruhetag | €€*

■ ÜBERNACHTEN ■

DAR CHERAÏT

Ein unvergleichlich schöner, luxuriöser Palast in bester tunesischer Tradition. Hammam, Wellnessbereich, Pool, vor allem aber die üppig orientalisch ausgestatteten Zimmer machen den Aufenthalt zum Genuss. *110 Zi. | Route Touristique | Tel. 76 45 48 88 | Fax 76 45 44 72 | www. darcherait.com.tn | €€€*

OASIS DAR TOZEUR

Kürzlich renoviert, verströmt dieses alteingesessene, zentrale Haus ganz besonderen Charme. Es gibt viel Platz, luftige Innenhöfe und einen großen Pool. *124 Zi. | Place des Martyrs | Tel. 76 45 23 00 | Fax 76 46 15 22 | €€*

■ FREIZEIT & SPORT ■

GOLF OASIS

Der von Ronald Fream gestaltete 18-Loch-Parcours ist umstritten, denn schließlich benötigt so ein Green in der Wüste jede Menge Wasser – dennoch, Freunde des grünen Sports werden über die Anlage und das exotische Ambiente begeistert sein. *www.tozeuroasisgolf.com*

SAHARA QUADS

Insider Tipp

Die sympathischen Besitzer Miloud und Karim organisieren Quadtouren in die Umgebung; auch Mehrtagesfahrten bis nach Ksar Ghilane sind möglich. Die Quads sind sehr robust. Auch Chottsegeln mit Landseglern ist im Angebot. *Gegenüber dem Museum Dar Cheraït | Tel. 76 45 48 00*

■ AUSKUNFT ■

OFFICE DE TOURISME

Avenue Abou el-Kacem ech-Chebbi | Tel. 76 45 40 88 | Fax 76 45 20 51

■ ZIELE IN DER UMGEBUNG ■

BERGOASEN ★ [120 B2]

Über den Salzsee Chott el-Gharsa führt die P 16 nach Nordwesten auf die Ausläufer des Saharaatlas zu und ins rund 60 km entfernte Oasenstädtchen *Chebika*. Alt-Chebika am Berghang wurde 1969 durch eine verheerende Flut zerstört; die Menschen siedeln nun im komfortableren Chebika Nouvelle in der Ebene. Ein kurzer Spaziergang geht bergab in eine schmale Schlucht mit Wasserfall und dann bergan zu einem ✳ Aussichtspunkt. Hier genießt man einen phantastischen Blick über die Häuser des alten Dorfs und den Palmenhain hinweg auf den Chott el-Gharsa. Von Chebika schlängelt sich die Straße in steilen Serpentinen ins rund 10 km entfernte *Tamerza*. Die alte, ebenfalls von den Fluten zerstörte Siedlung

Alt-Midès thront wie eine Festung auf einem Felsen, eingerahmt von tiefen Canyons.

CHOTT EL-DJERID ⭐   [120 A–C2]

Passionierte Karl-May-Leser kennen den Chott el-Djerid aus den anschaulichen Schilderungen in „Durch die Wüste" und wissen deshalb auch, welche Gefahren er birgt. Denn die

Tamerza ist die größte der drei Bergoasen an der algerischen Grenze

liegt ein gutes Stück hinter dem neuen Ort in einem palmenbestandenen Trockenflussbett, über dem das *Insider Tipp* Hotel ✳ *Tamerza Palace* seinen Gästen zu jeder Tageszeit schönste Landschaftspanoramen bietet *(Tel. 76 48 53 44 | Fax 76 48 53 22 | www. tamerza-palace.com | €€–€€€)*. Letzte der drei Bergoasen ist *Midès* direkt an der Grenze zu Algerien:

hart scheinende Salzdecke ist je nach Grad der Verdunstung im Sommer bzw. nach Heftigkeit der Regenfälle im Winter entweder ein stabiler, belastbarer Untergrund oder trügerischer Schlamm, in dem früher ganze Karawanen den Tod fanden. Doch keine Sorge! Die rund 200 km lange Senke mit den Chotts el-Djerid, el-Gharsa und el-Fedadj ist heute durch gut befestigte Asphaltstraßen erschlossen. Zwischen Degache bei Tozeur und Kebili im Osten können Sie den Salzsee auf einer rund 60 km langen Strecke überqueren und den Fata Morganas nachträumen, die durch die flimmernde Luft über den Chott tanzen.

METLAOUI UND
SELDJASCHLUCHT [120 B1]

Östlich der Gebirgsoasen verwandelt sich der Saharaatlas um den Industriestandort Metlaoui (27000 Ew.) 50 km von Tozeur in eine unattraktive, von Phosphatminen gezeichnete Landschaft. Ausgerechnet hier lockt allerdings ein nostalgisches Abenteuer: die Fahrt mit dem originalgetreu restaurierten Salonzug des Bey von Tunis, dem *Lezard Rouge*, die von Metlaoui in die malerische, von steilen Wänden gebildete Seldjaschlucht führt. *Buchung unter Tel. 76 24 14 69 | Fax 76 24 16 04 | Abfahrt am Bahnhof Metlaoui jeweils Mo, Mi, Fr und So 10.30 Uhr, Di und Do 10 Uhr | Dauer etwa 70 Min. | Fahrpreis 20 TND*

NEFTA ⭐ [120 A2]

Von Tozeur nach Westen in Richtung algerische Grenze erreichen Sie nach 23 km die Stadt der tausend Kuppeln, Nefta (19000 Ew.). Die Altstadt zieht sich entlang der *Corbeille*, einem von sprudelnden Quellen gewässerten Palmenhain, einen Hügel bergan. Zu ihren Füßen breitet sich die große Palmenoase am Rand des Chott el-Djerid aus. Den besten Blick auf diese wunderbare Szenerie können Sie von der Aussichtsplattform über dem Ort genießen, an der

das *Café de la Corbeille* Erfrischungen reicht.

ONK JAMAL [120 B1] Insider Tipp

Rund 38 km nordwestlich von Tozeur und etwa 20 km nordöstlich von Nefta beginnt mitten in der Wüste der „Krieg der Sterne". *Onk Jamal*, Kamelkopf, heißt die Felsformation, in deren Nähe George Lucas die Weltraumstadt Mos Espa erbauen ließ, in der Anakin Skywalker, der spätere Lord der Finsternis, seine Kindheit verbrachte. Die Strecke dorthin besteht aus schlechter, sandiger Piste und ist nur mit dem Geländewagen befahrbar. Von Tozeur aus können Sie Onk Jamal im Rahmen einer organisierten Tour besuchen.

>LOW BUDGET

> Die besten Datteln der Welt, Deglet en-Nour, werden in der Region um Tozeur an Straßenständen und in allen Souvenirshops verkauft. Wesentlich günstiger bekommen Sie sie allerdings im Supermarkt, in Tozeur beispielsweise im *Magasin Général* in der *Avenue Farhat Hached*.

> Warum nicht mal auf den Campingplatz: Im Süden Tunesiens gibt es mehrere angenehme Plätze, in denen man in einfachen Strohhütten übernachten kann: Im *Campement Beaux Rêves*, dem Platz der schönen Träume in Tozeur, kostet die Übernachtung im Bungalow 9 TND pro Person. Das morgendliche Vogelgezwitscher in dem schattigen Oasenhain gibts gratis dazu.

> RÖMER, KAUFLEUTE UND AUSSERIRDISCHE

Mit dem Auto und zu Fuß auf Entdeckungsreise

Die Touren sind auf dem hinteren Umschlag und im Reiseatlas grün markiert

1 AUF HISTORISCHEN SPUREN DURCH NORDTUNESIEN

Die Tour führt von Hammamet um die Halbinsel Cap Bon und durch Tunesiens fruchtbaren Norden. Für die 610 km lange Strecke sollten Sie zwei Tage vorsehen und Proviant einpacken, denn gute Restaurants sind rar.

Durch das lebhafte Städtchen **Nabeul** *(S. 37)*, das antike Neapolis, führt die C 27 teils am Meer entlang, teils landeinwärts auf die Halbinsel Cap Bon, Tunesiens Hauptanbaugebiet für Zitrusfrüchte und Wein. In **Kelibia** (70 km) lohnt ein Besuch der herrischen Festung, die auf einem 150 m hohen Hügel über dem Fischerhafen thront.

Kerkouane (83 km) ist die einzige rein karthagische Siedlung in Tunesien und zählt zum Unesco-Welterbe. Deutlich können Sie den Grundriss der Häuser aus dem 4. bis

Bild: Dougga, Amphitheater

AUSFLÜGE & TOUREN

2. Jh. v. Chr. erkennen, die alle ein eigenes Bad besaßen *(Di–So. 9–16, im Sommer bis 18 Uhr | 2,5 TND).*

Nordwärts erreicht die C 27 schließlich die häufig windumtoste Nordspitze des Cap Bon bei **El-Haouira** (95 km). Die Stadt ist berühmt für ihr Sperberfestival im Juni. Oberhalb liegen die römischen Steinbrüche von **Ghar el-Kebir**, in denen Sklaven Kalkstein für den Wiederaufbau Karthagos brachen *(tgl. 9 17, im Sommer 8–18 Uhr | 1,5 TND).* Im Restaurant  **La Daurade** *(Tel. 72 26 90 80 | €€)* bekommen Sie ein preiswertes Mittagsmenü mit schönem Blick auf die See.

Die C 26 erreicht, nun nach Südosten führend, den gebirgigeren Teil des Cap Bon. Über steile Serpentinen schlängelt sich eine Abzweigung die Steilküste hinunter ans Meer zum Kurort **Korbous** (165 km). Am Strand entspringen heiße Thermalquellen,

Das Nymphäum von Zaghouan. Von hier wurde Karthago mit Trinkwasser versorgt

die römische Damen und Herren einst zur Kur per Schiff von Karthago aus besuchten.

Der Großraum Tunis erfordert nun erhöhte Aufmerksamkeit. Die Route umgeht die Stadt südlich und wendet sich auf der Autobahn in Richtung Béja nach Westen. An der Ausfahrt in Richtung Téboursouk verlässt die P 5 die Schnellstraße und verbindet mit dem Städtchen **Testour** (280 km), dessen Ortsbild die im 17. Jh. erbaute und im spanischen Mudéjarstil geschmückte Moschee einen ungewöhnlichen Akzent verleiht. In **Aïn Tounga** (288 km) beherrscht eine imposante byzantinische Festung (6. Jh.) die Straße. In **Dougga** (300 km) verdienen die westlich gelegenen rö-

mischen **Ruinen von Thugga** einen längeren Stopp. Malerisch auf einem Hügel zwischen Olivenbäumen ausgebreitet, zählt die Unesco-geschützte Stätte zu den bedeutendsten Nordafrikas: Theater und Kapitol-stempel aus dem 2. Jh. sind hervorragend erhalten; der mondsichelförmige Tempel der Juno Caelestis (3. Jh.) lässt karthagische Einflüsse im Kult erkennen. In den Winterthermen (3. Jh.) entspannten sich die Herren nach dem Besuch des Bordells gegenüber: Dessen Eingang schmücken mit Brüsten und Penis dekorierte Hinweisschilder. Am Hügel unterhalb der römischen Stadt erinnert das numidische **Mausoleum** (3. Jh. v. Chr.) an die nichtrömischen Bewohner dieser überaus fruchtbaren Region *(tgl. 8.30–17.30, im Sommer 8–19 Uhr | 2,5 TND)*. Eine einfache, saubere Übernachtungsmöglichkeit mit gutem Restaurant finden Sie im Hotel *Thugga* an der P 5 *(30 Zi. | Tel. 78 46 66 47 | €€).*

P 18 und P 12 führen nun bis **Makhtar** *(S. 57)* mit den sehenswerten Ruinen der römischen Siedlung **Mactaris** (400 km). Weiter nach Nordosten sind die wieder aufgerichteten Säulen des Kapitolstempels von **Thuburbo Majus** (500 km) weitere Zeugen der römischen Vergangenheit *(tgl. 8.30–17.30 | im Sommer 8–19 Uhr | 2,5 TND)*.

Der P 4 weiter in Richtung Tunis folgend, kreuzen Sie bei **Bou Rebia** (540 km) ein Teilstück des ursprünglich 123 km langen römischen Aquädukts, das Karthago mit Wasser aus dem Bergmassiv des Djebel Zaghouan versorgte und noch bis ins 12. Jh. hinein seinen Dienst versah.

AUSFLÜGE & TOUREN

Etwa 25 km weiter stoßen Sie südlich von Tunis auf die Autobahn und folgen ihr zurück nach Hammamet (610 km).

2 DURCH DIE MEDINA VON TUNIS

Auf diesem etwa dreistündigen Rundgang besichtigen Sie Bereiche der Medina, die Touristen eher selten zu sehen kriegen. Besorgen Sie sich vorher den bei der Touristeninformation erhältlichen Detailplan der Medina.

Ausgangspunkt ist das Medinator **Bab el-Bahr** an der **Place de la Victoire**. Dahinter führt die schmale, von Läden gesäumte **Rue Djamaa ez-Zitouna** auf die Moschee **Ez-Zitouna** zu. Hier gehts links an den **Drei Medresen** und dem **Hammam Kachachine** vorbei zur **Rue Tourbet el-Bey**. Sie sind nun in den Wohn-

Moschee Ez-Zitouna in der Medina

vierteln der Altstadt. Am Grabmausoleum der Husseinitendynastie, dem **Tourbet el-Bey**, wenden Sie sich nach links, passieren das Museum **Dar Ben Abdallah** und erreichen die 1716 erbaute **Mosquée des Teinturiers**, die Färbermoschee, Ecke **Rue Sidi Kacem** und **Rue des Teinturiers**. Gleich neben der Moschee steht ein prachtvoller Medinapalast, **Dar Othman**, mit einer in dunklem und hellen Stein dekorierten Fassade aus dem 17. Jh. Die **Rue El-Ariane** bringt Sie zurück zur **Rue Tourbet el-Bey** und über **Souk des Etoffes** an die Große Moschee. Sie folgen nun der **Rue Sidi Ben Arous** in den nördlichen Teil der Medina. Schon nach wenigen Schritten befinden Sie sich erneut in einem Wohnviertel. Einige der ehemaligen Patrizierhäuser dienen heute als Restaurant oder Hotel. Weiter geradeaus gehend, sehen Sie entlang der **Rue du Pacha** viele dieser alten Paläste, die stark vom Verfall gezeichnet sind. Im **Dar Lasram** (18. Jh.) in der **Rue du Tribunal 24**, zu der die **Rue de la Noria** rechts abbiegt, residiert die ASM, die die Restaurierung der Altstadt betreut. Moderne tunesische Kunst ist Thema des **Musée de la Ville de Tunis** *(Rue du Tribunal, Palais Kherredine Pacha | Mo–Sa 10–19 Uhr | 2 TND)*.

Auf der **Rue du Pacha** wieder zurückgehend, biegen Sie an der **Rue Bir Lahjar** nach rechts und erreichen die **Rue Dar el-Djeld**. Hier verwöhnt der Gourmettempel **Dar el-Djeld** *(Tel. 71 56 09 16 | kein Ruhetag | €€€)* Promis aus Kultur und Politik mit exquisiten Gaumenfreunden. Der westliche Ausgang der Altstadt an der **Place du Gouvernement** ist nur wenige Schritte entfernt.

EIN TAG IN TUNIS

Action pur und einmalige Erlebnisse.
Gehen Sie auf Tour mit unserem Szene-Scout

TEATIME IN DEN SOUKS

8:00

In den engen Gassen der Medina wird gefeilscht und gehandelt, dass es nur so eine Freude ist. Da man mit knurrendem Magen bekanntlich keine guten Geschäfte macht, ist erst einmal Stärkung angesagt. Das osmanische *Café M'Rabet* im *Souk et-Trouk* nahe der Großen Moschee Djammaa ez-Zitouna eignet sich dafür bestens. Auf Strohmatten sitzen Jung und Alt und schlürfen Kaffee oder *thé au menthe*. **WO?** *Souk et-Trouk*

1 PS AM STRAND

9:30

Rein in den TGM-Zug und ab in den Küstenvorort La Marsa. Nur rund 30 Minuten dauert die Fahrt. Am weiten Sandstrand warten schon die gesattelten Araberpferde, Abenteuerlustige wählen stattdessen das Dromedar. Aufsteigen und los gehts! Pferde und Dromedare vermitteln diverse Anbieter, die am Strand auf Kundschaft warten. Wem das zu unsicher ist, kann über das Hotel The Résidence reservieren. **WO?** *Hotel The Résidence | La Marsa | Tel. 071910101 | www.theresidence.com*

VOLLE PACKUNG IM THALASSOTEMPEL

11:00

Verschwitzt vom Finale im gestreckten Galopp? Dann kommt eine Abkühlung in den Wasserwelten des *The Résidence* genau richtig. Doch nur im Becken plantschen ist viel zu schade, denn die *Thermes de Marins de Carthage* gelten als Tunesiens Thalassotempel Nummer eins. Um sich mit Algenschlamm und Peelings verwöhnen zu lassen, muss man kein Hotelgast sein, eine Voranmeldung empfiehlt sich jedoch. **WO?** *Hotel The Résidence | La Marsa | Tel. 071910101 | www.theresidence.com*

COUSCOUS & CHICHA

13:00

Zurück in die quirlige Innenstadt von Tunis – der Magen knurrt und bekommt Couscous im Restaurant *Nesma* des charmanten Boutiquehotels *Dar El Médina*, das zentral in der Nähe der Kasbah liegt. Und danach geht's in den *Salon de Thé Essour*: Im stylishen Ambiente ziehen junge Großstädter an ihrer Chicha. Die gibt es hier mit Minze, Apfel- und Bananengeschmack. **WO?** *Dar El Médina | 64, Rue Sidi Ben Arous | Tunis | Tel. 071563022 | www.darelmedina.com | Salon de Thé Essour | 52, Rue Djammaa ez-Zizouna | Tunis*

24 h

MEERSPASS

Jetzt wieder mit der TGM-Bahn nach Gammarth. Im *Hotel Acquaviva* lassen sich *Sea Kayaks* mieten, für 20 Dinar die **15:30** Stunde. Besonders lustig ist die Bootsfahrt in der Gruppe – da sind Wasserschlachten programmiert. **WO?** *Hotel Acquaviva | Zone Touristique les Côtes de Carthage | Gammarth | Tel. 071 913 77 | www.acquaviva-hotel.com*

17:30 ## LIGHTHOUSE FAMILY

Im Hotel einfach die Kayaks gegen Leihräder tauschen, aufgesessen und ab geht die Post. Unterwegs in einem Laden noch ein paar tunesische Leckereien eingekauft und hinauf zum Leuchtturm von Sidi Bou Saïd, das sind nur ein paar Kilometer. Einfach ein nettes Plätzchen in der Umgebung suchen und bei der Mahlzeit den Blick auf das maurische Bilderbuch-Ministädtchen schweifen lassen. Fertig ist das perfekte Abendpicknick!

SUNDOWNER MIT TRAUMBLICK

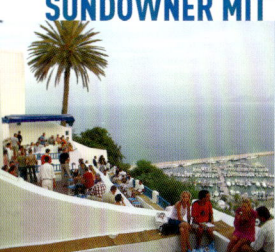

Die Sonne geht unter, die blaue Stunde beginnt – anstatt im populären **20:00** *Café des Nattes* gibts den Sundowner im szenigeren *Café Sidi Chabaane.* Hoch über dem Yachthafen von Tunis und direkt am Hang gelegen, schmeckt der kühle Drink auf der Terrasse extragut und die Spezialität des Hauses, *Bambalouni* (frittierte Beignets), ebenso. **WO?** *Rue Sidi Chabaane | Sidi Bou Saïd*

23:00 ## HEISSE MUSIK, COOLE LOUNGE

Jetzt aber schnell die Räder zurückbringen und ins Taxi wechseln, das benachbarte Karthago steht auf dem Programm. Die *Villa Didon* ist der In-Treff der altehrwürdigen Stadt schlechthin: Abgefahrene Spots setzen die dortige *Light Bar* ins rechte Licht. Und für den richtigen Ton sorgen angesagte DJs, schließlich tanzt hier die Jeunesse dorée! **WO?** *Rue Mendès France | Carthage Byrsa | Tel. 071 73 34 33 | www.villadidon.com*

> MEERESBRISE UND DÜNENSAND

Alle Arten von Wassersport, dazu Golf und abenteuerliches
Kameltrekking – in Tunesien haben Sportliche die Qual der Wahl

> Tunesiens Küstenlinie ist über 1300 km
lang. Entlang der Touristenzonen gibt es
Wassersportangebote aller Art: Hier können Sie Tretboote und Surfbretter leihen,
Wasserskifahren oder auf Bananenbooten
durchs Meer brausen, Parasailen oder einfach nur Schwimmen.

In den Oasen der Sahara stehen
wiederum Dromedarreiten und
Quadbikefahren auf dem Programm.
Die herrlichen Gebirgslandschaften
laden zum Wandern ein, doch gibt es
bislang kaum markierte Wege bzw.
Angebote für organisierte Wander-
touren.

■ GOLF

Mit neun Golfplätzen zählt Tunesien
zu den attraktiven Reisezielen für
Freunde des Grünen Sports. Spielen
können Sie dank der milden Witte-
rung das ganze Jahr über. Die Plätze
sind sehr gut gepflegt und bieten
auch Kurse für Anfänger an. Nähere

SPORT & AKTIVITÄTEN

Informationen rund ums Golfspielen finden Sie auf der Homepage des tunesischen Fremdenverkehrsamts, *www.tunesien.info,* sowie auf *www. tourismtunisia.com.*

■ KAMELTREKKING ■

Mehrstündige oder gar mehrtägige Trekkingtouren durch die Sahara werden von zahlreichen Veranstaltern in der Oase Douz angeboten. Durch die Sanddunen des Großen Östlichen Erg ziehen die Karawanen zum Beispiel. in Richtung der Oase Ksar Ghilane. Die Dromedare laufen rund sechs Stunden am Tag, mittags gibt es eine längere Pause. Wenn Sie Karawanen vor Ort buchen, sind Französischkenntnisse von Vorteil. Kameltouren mit deutschsprachigen Führern organisieren unter anderem *Hauser Exkursionen (www.hauser-exkursionen.de)* und *Trekking Tours Hoffmann (www.trh-reisen.de).*

PARASAILING

An einem vom Boot gezogenen Fall-
schirm hängend über Strand und
Meer zu schweben ist eine der beliebtesten Sportarten an der tunesischen Küste. Anbieter finden Sie an
so gut wie jedem Strandabschnitt.

QUADBIKES

Quadbikes sind eine Art Motorrad
mit vier Rädern und können auch
von Anfängern nach kurzer Einwei-
sung gefahren werden. An den meisten Stränden der Touristenzonen werden die Quads stundenweise vermie-
tet; das Mindestalter beträgt 18 Jahre.
Mit Quads auf Sandpisten und über
Dünen zu preschen macht besonders
viel Spaß, weshalb in den Oasen
Douz und Tozeur besonders viele
Quadbikevermieter vertreten sind.
Einige Veranstalter organisieren auch
geführte Rundfahrten, die zwischen
einigen Stunden und mehreren Tagen
dauern können, zum Beispiel *Sahara
Quads* in Tozeur *(gegenüber dem
Museum Dar Cheraït | Tel.
76 45 48 00).*

RADFAHREN

Besonders die Insel Djerba eignet
sich mit ihren wenig befahrenen
Feldwegen und Regionalsträßchen
ideal zum Fahrradfahren. Da es kaum
Steigungen gibt, haben auch untrai-
nierte Pedalritter ihren Spaß. Fahrrä-
der können Sie in vielen Hotels und
bei *Holiday Bikes Tunisie* mieten
*(Plage de Sidi Mahrès | Mobiltel.
97 10 44 60 | um 5 TND/Std.).* Auch
die schattigen Wege in der Palmenoase von Tozeur sind ideal; hier können Sie sich auf Mountainbikes, französisch VTT, austoben. Verleih bei

*Location VTT (138, Avenue Abou
el-Kacem ech-Chebbi | Mobiltel.
98 82 56 05 | 5 TND/Std.)*

REITEN

An so gut wie allen Stränden können
Sie auf einem Pferd oder Dromedar
kurze Ausritte unternehmen. Fast jedes Hotel hat eine Übereinkunft mit
einem Reitstall in der Nähe, dem Sie
vertrauen können. Preise und Dauer
des Ritts sind festgelegt, eine Stunde
kostet um 8 TND. Erfahrene Reiter
oder Reisende, die das Reiten lernen
möchten, finden in Tunesien einige
Hotels mit eigenem Reitstall, zum
Beispiel das Hotel *Le Sultan* in Hammamet *(www.lesultan.com),* das auch
mehrtägige Touren organisiert.

TAUCHEN

Tauchzentren sind Tabarka an der
Korallenküste im Norden sowie

Aktivurlauber kommen auf ihre Kosten

Hammamet und Port el-Kantaoui an der Ostküste bei Sousse. Tabarka gilt dank der teils noch erhaltenen Korallenriffe, der von zahlreichen Höhlen und Kanälen durchfurchten Felsküste und der klaren Sicht als beste Tauchdestination Tunesiens. Mehrere Tauchschulen bieten hier Ausbildung nach CAMS- und PADI-Standard an und organisieren Tauchexkursionen für erfahrene Taucher, zum Beispiel zu der unter Naturschutz stehenden Inselgruppe *Îles de la Galité (Loisirs de Tabarka | Port de Plaisance | Tel. 78 67 06 64 | www.loisirsdetabarka. com)*. Reizvoll an den Tauchrevieren an der Ostküste sind die Schiffswracks. Empfehlenswerte Tauchschulen sind zum Beispiel *Ody-Sea* in Hammamet *(Tel. 72 28 05 88 | www.odyseadiving.com)* und *Club Sdanek (Tel. 73 24 63 74)* in Port el-Kantaoui. Tunesiens einzige Dekompressionskammer befindet sich in Tunis.

■ TENNIS

Viele tunesische Hotels besitzen mindestens zwei, oft auch mehr Tennisplätze. Einige erheben für die Miete eine geringe Gebühr; bei anderen ist die Nutzung für die Hotelgäste frei. In Clubhotels mit Animationsteam ist meist auch ein Tennislehrer vor Ort; wenn das nicht der Fall ist, kann Ihnen die Rezeption einen Trainer vermitteln.

■ WANDERN

Es gibt viele landschaftlich reizvolle Regionen, doch bislang sind nur wenige Wege markiert. Eine gute Infrastruktur finden Sie in der bewaldeten Berglandschaft der Kroumirie im Hinterland von Tabarka an der Nordküste. Als Wanderziel im Kommen ist der Saharaatlas nördlich von Tozeur, wo das zu wunderlichen Skulpturen erodierte Gebirge mit seinen tiefen Canyons und die teils verfallenen Oasen eine außergewöhnliche Kulisse bilden. Wandertouren mit französischsprachigen Führern organisiert hier das Hotel *Tamerza Palace (Tel. 76 48 53 22 | www.tamerza-palace.com)*.

■ WINDSURFEN

Surfer finden entlang der gesamten Küste günstige Bedingungen. Surfbrettverleih und Schulen gibt es an den Stränden der Hotelzonen. Die deutschsprachige Kite- und Windsurfschule *Les Dauphins* hat ihr Trainingszentrum im Süden Djerbas an der Lagune zwischen der Insel und der Landzunge von Zarzis und veranstaltet Kurse für Anfänger und Fortgeschrittene. *(Mobiltel. 98 96 61 12 | www.wassersport-tunesien.de)*. Die besten Windbedingungen finden Sie im Frühjahr und Herbst.

Insider Tipp

■ YACHTING

Mit sechs komfortablen Yachthäfen ist Tunesien ein beliebtes Reiseziel für Bootfahrer und Segler; viele lassen ihre Schiffe wegen der niedrigen Liegegebühren in Tunesien zum Überwintern. Die bekannteste Marina ist *Port el-Kantaoui* mit 340 Liegeplätzen *(www.port-el-kantaoui. com)*; jüngste Errungenschaft ist die hypermoderne Marina von Hammamet-Yasmine mit 720 Liegeplätzen, alle mit Wasser und Strom, teils sogar mit Telefon- und TV-Anschluss *(www.portyasmine.com.tn)*.

> HANNIBALS ELEFANTEN UND KRIEG DER STERNE

Freizeitparks, Piratenschiffe und Filmkulissen entführen Kinder in eine sagenhafte Abenteuerwelt

> **Tunesier sind außerordentlich kinderfreundlich: Der Nachwuchs stört nicht und darf deshalb so laut und lebhaft sein wie er will, ganz gleich, ob im Edelrestaurant oder am Strand.**

Beim abendlichen Büfett der Pauschalhotels gibt es stets eine Kinderecke. Für Unterhaltung sorgen Miniclubs oder Animationsteams. Wenn es trotzdem langweilig wird, dann gibt es eine Vielzahl von kindgerechten Attraktionen im Hinterland.

Bild: Blick auf das Dorf Takrouna

NORDTUNESIEN

CARTHAGELAND IN HAMMAMET-YASMINE [115 E4]

Der Freizeitpark lässt Kinderherzen höher schlagen. Karussells, Achterbahnen, eine Wildwasserfahrt und viele andere Attraktionen drehen sich um berühmte und sagenhafte Gestalten des antiken Karthago: Mal gehts im Karussell mit Hannibals Elefanten über die Alpen, dann wieder raftend mit dem Seefahrer Hanno um

MIT KINDERN REISEN

den schwarzen Kontinent. Restaurants stillen den Hunger kindgerecht mit Pommes und Pizza. *Juli–Mitte Sept. tgl. 15–24, sonst Mo–Sa 12–19, So 10–20 Uhr | Erwachsene 15 TND, Kinder 10 TND*

MUSÉE OCEANOGRAPHIQUE IN CARTHAGE-SALAMMBÔ [115 D3]

Die Unterwasserfauna des Mittelmeers und die traditionellen Techniken des Fischfangs stellt das Museum anhand von Schautafeln, Exponaten und Aquarien vor. Am Eingang grüßt das mächtige Skelett eines Wals. Kinder haben an den vielen bunten Fischen und vor allem an dem zutraulichen Oktopus ihre Freude, der richtig mit seinen Zuschauern kommuniziert und sich vom Tierpfleger kraulen lässt. *28, Rue du 2 Mars 1934 | Di–So Winter 10–13 und 15–18, Sommer 9–12 und 16–19 Uhr | Erwachsene 1 TND, Kinder 0,5 TND*

ZOO FRIGUIA BEI BIR BOU REBIA [115 D4]

Ein Eingangstor in kräftigen afrikanischen Farben führt hinein in das Reich von Löwen und Hyänen, von Dromedaren und Wüstenfüchsen, von Meerschweinchen und Schwänen. Die meisten Gehege sind großzügig angelegt, die Tiere werden gut versorgt. Spektakulär ist der über den Raubtiergehegen entlangführende Weg, von dem man an verschiedenen Aussichtspunkten beste Sicht auf die Raubkatzen hat. Ein Souvenirshop und ein nettes Caférestaurant vervollständigen das familienfreundliche Angebot. *Di–So 9–19, im Winter bis 16 Uhr | Erwachsene 3 TND, Kinder 1,5 TND*

▪ ZENTRALTUNESIEN

AQUAPALACE IN PORT EL-KANTAOUI [119 D1]

Im Wasserpalast sorgen eine Reihe von Attraktionen wie Vierfachrutschen, Strömungskanäle, Jacuzzibecken und Wasserfälle für nassen Ferienspaß. *April–Juni und Sept.–Nov. 9–16, Juli/Aug. 9–19 Uhr | Erwachsene 12,5 TND, Kinder 7,5 TND*

PIRATENSCHIFF IN PORT EL-KANTAOUI [119 D1]

Gleich mehrere nach alten Vorbildern ausgestattete Piratenschiffe legen regelmäßig in Port el-Kantaoui an, um Passagiere an der Küste entlangzuschippern. Unterwegs gibt es Erfrischungen, Obst und die Möglichkeit, ins Wasser zu hüpfen. Es gibt mehrere Anbieter im Hafen, eine dreistündige Fahrt kostet um 22 TND pro Person.

▪ SÜDTUNESIEN ▪

CHAK WAK IN TOZEUR [120 B2]

Tozeurs jüngster Themenpark widmet sich der Entwicklung der Menschheit. Kinder werden eine Menge Spaß an den zwischen Palmen hervorlugenden Dinosauriern und Urmenschen haben; ältere interessieren sich vielleicht auch für die Religionsgeschichte von Juden, Christen und Muslimen, die in einer eigenen Abteilung in anschaulichen Szenen erzählt wird. *Tgl. 8–23 Uhr | Erwachsene 15 TND, Kinder 7,5 TND*

DJERBA EXPLORE BEI RASS TAGUERNESS [121 E2]

Im Openairmuseum *Djerba Heritage* können ältere Kinder einen Blick hinter die Kulissen der Inselkultur werfen und dabei zusehen, wie Öl gepresst und wie gewebt wird. Manchmal dürfen sie sogar mitmachen. Spektakulärer und für alle Altersgruppen geeignet ist die Krokodilfarm *Animalia,* in der 400 große und kleine Panzerechsen zum Leben erwachen, wenn Fütterung ist (meist am späteren Nachmittag). *Sommer tgl. 9–20, Winter bis 17.30 Uhr | Kombiticket 7,30 TND, Kinder 3,70 TND, Familienpass 18,50 TND*

KAMELKARAWANE BEI DOUZ [120 C2]

Auf Dromedaren durch die Wüste ziehen, abends ein Zeltlager aufschlagen, am Lagerfeuer dem Heulen der Schakale zuhören, Brot backen im Sand – das Abenteuer Karawane kann auch Kinder begeistern. Einwöchiges Kameltrekking speziell für Familien bieten *Trekking-Tours Hoffmann (www.trh-reisen.de)* und *Hau-*

Kinder sind in Tunesien überall willkommen

ser Exkursionen *(www.hauser-exkur sionen.de)* an. *Kosten ab Frankfurt um 1000 Euro für Erwachsene und 800 Euro pro Kind*

LEZARD ROUGE IN METLAOUI [120 B1]

Die Fahrt mit dem Museumszug ist ein unterhaltsamer und spannender, etwa eineinhalb Stunden dauernder Familienausflug. Ruckelnd und tuckernd schnauft die über 70 Jahre alte Eisenbahn in die schmale Seldja-schlucht. Nach einem kurzen Foto-stopp gehts auf gleichem Weg zurück. Vor allem im Salonwagen mit seinen roten Plüschpolstern fühlen sich die Kleinen wie Prinzen und Prinzessin-nen auf der Reise durch ein abenteu-erlich-wildes Land. *Abfahrt am*

Bahnhof Metlaoui jeweils Mo, Mi, Fr und So 10.30, Di und Do 10 Uhr | 20 TND

MEDINA 1001 NUITS IN TOZEUR [120 B2]

Die Märchen aus Tausendundeiner Nacht erweckt der prallbunte The-menpark mit nachgestellten Szenen und Multimediaspektakel zum Le-ben. Kinder werden Ali Babas Höhle und Aladins Wunderlampengeist wieder erkennen; allerdings wird es gelegentlich etwas laut – also nichts für die Jüngsten! *Tgl. 8–24 Uhr | Er-wachsene 7 TND, Kinder 3,5 TND*

PEGASE IN DOUZ [120 C2]

Sind Ihre Kinder schon einmal mit einem Luftkissenfahrzeug durch die Wüste gedüst? Bei *Pegase* können sie das ausprobieren und sich wie Luke Skywalker fühlen – oder aber auf Gokarts und Quadbikes durch die Dünen brettern. Ganz Wagemutige dürfen sich die Wüste vom Ultra-lightflugzeug aus von oben ansehen. *An der El-Hofra-Düne | alle Aktivitä-ten nur in Begleitung Erwachsener bzw. eines erfahrenen Piloten | Tel. 75 47 07 93 | Preise auf Anfrage vor Ort*

FESTIVAL DU SAHARA IN DOUZ [120 C2]

Wüstenkrieger vollführen waghal-sige Akrobatik auf Araberhengsten, Windhunde rennen um die Wette, bei Schaukämpfen werden alte Flinten abgefeuert und als Höhepunkt kon-kurrieren die schnellsten *Meharis*, die Rennkamele, um den Siegerpo-kal. Bei dem Ende Dezember/Anfang Januar stattfindenden Festival haben kleine wie große Zuschauer ihren Spaß.

> VON ANREISE BIS ZOLL

Urlaub von Anfang bis Ende: Die wichtigsten Adressen und Informationen für Ihre Tunesienreise

▰ANREISE▰

Die meisten Reisenden kommen mit dem Flugzeug nach Tunesien. Charter- und Linienflüge werden von allen größeren Städten in Deutschland, Österreich und der Schweiz angeboten. Ziele in Tunesien sind Tunis, Monastir und Houmt Souk/Djerba. Nach Tabarka oder Tozeur gibt es nur saisonale Direktflüge; ansonsten sind sie per Anschlussflug von Tunis zu erreichen. Ein Charterflug kostet um 200 Euro. Es gibt an jedem Flughafen eine Linienbus- bzw. Schnellbahnverbindung (Monastir) in die Stadt. Auch Taxis stehen bereit, sind aber deutlich teurer. Wenn Sie mit dem eigenen Fahrzeug anreisen möchten, müssen Sie mit einer Fähre nach Tunis übersetzen. Zwischen mehreren italienischen und französischen Häfen und Tunis verkehren Autofähren der CTN *(www.ctn.com.tn)*, Euro-Mer *(www.euromer.net)* und der Grandi Navi Veloci *(www1.gnv.it)*. Eine neue Verbindung gibt es vom sizilianischen Trapani nach Sousse *(Euro-Mer)*. Ungefähre Kosten ab 250 Euro/Fahrzeug und 100 Euro/Person in eine Richtung.

▰AUSKUNFT▰

TUNESISCHE FREMDENVERKEHRSÄMTER
60313 Frankfurt | Goetheplatz 5 | Tel. 069/133 83 50 | Fax 13 38 35 22 | www.tunesien.info; 1010 Wien

PRAKTISCHE HINWEISE

Opernring 1 | Stiege R | Tür 109 | Tel. 01/585 34 80 | Fax 585 34 80 18; 8001 Zürich | Bahnhofstrasse 69 | Tel. 01/211 48 30 | Fax 212 13 53 | *www.tunisie.ch*

AUTO

Die grüne Versicherungskarte ist Pflicht; empfehlenswert ist eine Vollkaskoversicherung, evtl. auch eine Diebstahlversicherung fürs Reisegepäck. Die Tunesier fahren flott, nicht immer vorschriftsmäßig, aber umsichtig; in ländlichen Regionen ist erhöhte Vorsicht geboten, da häufig auch Radfahrer, Fußgänger und Fuhrwerke unterwegs sind. Nach Einbruch der Dunkelheit sollte man besser nicht mehr fahren, da viele Verkehrsteilnehmer nur unzureichende oder gar keine Beleuchtung haben. Die Höchstgeschwindigkeit beträgt in geschlossenen Ortschaften 50 km/h, auf Regionalstraßen 90 km/h, auf Autobahnen 110 km/h. Die Promillegrenze liegt bei 0,05.

BANKEN & GELD

Im Allgemeinen haben Banken montags bis freitags geöffnet, im Winter von 8 bis 16 Uhr, im Sommer von 7 bis 12 oder 14 Uhr. In allen größeren Städten bzw. Touristenzonen können Sie tunesische Dinar mit der Maestrokarte abheben; dabei fallen aber hohe Gebühren an. Bargeld wechselt die Rezeption im Hotel oder eine Wechselstube.

CAMPING

Wildes Campen ist in Tunesien verboten. Abgesehen von einigen sehr hübschen Plätzen in den Saharaoasen ist vom Camping wegen der schlechten Infrastruktur eher abzuraten.

WAS KOSTET WIE VIEL?

FAHRRAD	3 EURO/STD.	für ein Mietfahrrad
KAFFEE	50 CENT	für einen Espresso
MUSEUM	ETWA 1,50 EURO	für einen Museumsbesuch
BIER	2–3 EURO	im Restaurant
BENZIN	66 CENT	für 1 l Super
SNACK	1,50 EURO	für ein *brik* am Stand

DIPLOMATISCHE VERTRETUNGEN

DEUTSCHE BOTSCHAFT

1, Rue el-Hamra | Mutuelleville/Tunis | Tel. 71 78 64 55 | Fax 71 78 82 42 | *www.tunis.diplo.de*

ÖSTERREICHISCHE BOTSCHAFT

16, Rue Ibn Hamdis | El Menzah/Tunis | Tel. 71 75 10 91 | Fax 71 76 78 24 | tunis-ob@bmeia.gv.at

SCHWEIZER BOTSCHAFT
*Rue du Lac d'Annecy | Immeuble
Stramica | Les Bergs du Lac/Tunis |
Tel. 71 96 29 97 | Fax 71 96 57 96 |
tun.vertretung@eda.admin.ch*

EINREISE

Für einen Aufenthalt bis zu drei Monaten benötigen Sie einen gültigen Reisepass, Kinder einen Kinderausweis mit Bild. Wenn Sie eine Pauschalreise mit Hotel gebucht haben, genügt der Personalausweis.

FOTOGRAFIEREN

Seien Sie rücksichtsvoll und fotografieren Sie Menschen nur, wenn Sie ihre Erlaubnis dafür haben. Militärische Einrichtung, z. B. auch Brücken sind tabu; besonders vorsichtig müssen Sie beim Fotografieren in Carthage sein – der Präsidentenpalast darf keinesfalls abgelichtet werden. In den meisten Museen und Ausgrabungsstätten wird eine Fotogebühr von 1 TND erhoben; für Videokameras ist sie wesentlich höher.

GESUNDHEIT

Informieren Sie sich rechtzeitig vor Antritt der Reise bei Ihrem Hausarzt über sinnvolle bzw. notwendige Impfungen. Verzichten Sie auf ungeschältes Obst und frischen Salat oder Gemüse, trinken Sie kein Leitungswasser und nehmen Sie keine Eiswürfel oder offenes Speiseeis – dann werden Sie die Ferien ohne gesundheitliche Beschwerden genießen können. Das ganze Jahr über sollten Sie auf guten Sonnenschutz (Mütze, Sonnenbrille, Pflege mit hohem Lichtschutzfaktor) achten, in den Sommermonaten gehört eine Lotion oder Creme gegen Mücken ins Gepäck. Im Fall einer ernsthaften Erkrankung kann Ihnen das Hotel einen Arzt empfehlen.

INTERNET

Touristische Informationen über Tunesien finden Sie unter *www.tourism tunisia.com* und auf der deutschen Homepage des Fremdenverkehrsamts, *www.tunesien.info; www. bab-el-web.com* enthält viele praktische Infos, z. B. Zugfahrpläne; *www.tunislanuit.com* informiert über das Kulturprogramm in der Hauptstadt. Unter *www.culture.tn* finden Sie Beiträge über tunesische Kunst und Kultur, allerdings nur in französischer Sprache; *www.djerba-reise info.de* enthält detaillierte Hotelbewertungen.

INTERNETCAFÉS & WLAN

In größeren Städten, in den touristischen Regionen und in vielen Hotels können Sie online gehen. Internetcafés heißen *Publinet* und sind an dem blauen Schild mit weißer Schrift zu erkennen. Öffentlich zugängliche Hotspots (WLAN) gibt es in Tunesien bislang nur an den Flughäfen Tunis-Carthage und Monastir-Skanès. In einigen Businesshotels ist WLAN ebenfalls vorhanden, steht aber nur den Hotelgästen zur Verfügung.

KLIMA & REISEZEIT

Für Badeferien empfehlen sich die Monate Mai bis Oktober mit trockenem, warmem Wetter und Wassertemperaturen zwischen 22 und 25 Grad. Frühjahr und Herbst können regnerisch und windig sein, eignen sich aber für Besichtigungstouren. Im Winter sollten Sie besser die südlichen Landesteile, also Djerba und die Saharaoasen, besuchen. Tagsüber ist es dort angenehm warm, in der Nacht fallen die Temperaturen in der Wüste aber teils unter den Gefrierpunkt. An der Korallenküste können Sie nur zwischen Juni und September mit Sommerwetter rechnen; ansonsten fällt häufig Regen.

In der Sahara ist das Dromedar ein wichtiges Transportmittel

MIETWAGEN

Einen Wagen zu mieten ist relativ teuer; bei den internationalen Unternehmen wie Budget und Avis kostet die einfachste Kategorie um 50 Euro pro Tag. Einheimische Anbieter sind häufig günstiger, doch sind ihre Miet- und Versicherungsbedingungen nicht so transparent, die Autos oftmals in einem schlechterem Zustand. Bei der Übernahme eines Fahrzeugs sollten Sie unbedingt die Fahrtüchtigkeit prüfen und sich vergewissern, dass Ersatzreifen, Sanitätskasten und Warndreieck vorhanden sind.

NOTRUF

Ambulanz Tel. 190; Feuerwehr Tel. 198; Polizei Tel. 197; Touring Club de Tunisie Tel. 71 32 31 44

ÖFFENTLICHE VERKEHRSMITTEL

Tunesien ist gut mit Bahn und Bus zu bereisen. Die Komfortklasse der Bahn ist meist klimatisiert und bequem, allerdings sollten Sie rechtzeitig reservieren. Mit dem Pass *Carte Bleue* können Sie zum Preis von 29 TND eine Woche lang durchs Land fahren. Busse sind häufig überfüllt,

man muss zeitig da sein, um einen Platz zu ergattern. Zwischen kleineren Orten verkehren *louages,* Sammeltaxis, die losfahren, wenn alle Plätze besetzt sind.

POST

Meist sind Postämter montags bis freitags geöffnet, im Winter von 8 bis 12 und 15 bis 18 Uhr, im Sommer von 7.30 bis 13 Uhr. Briefmarken bekommen Sie auch in den meisten Souvenirläden, die Ansichtskarten verkaufen.

PREISE & WÄHRUNG

Tunesien ist ein preiswertes Reiseland; die Nebenkosten für Getränke, Taxi oder Museumseintritt sind gering. Währung ist der tunesische Dinar, TND, zu 1000 Millimes. Dinar dürfen nicht ein- oder ausgeführt werden; sollten Sie überzähliges

Geld haben, können Sie bei den Banken am Flughafen gegen Vorlage der Wechselquittung zurücktauschen.

SICHERHEIT

Tunesien ist ein sicheres Reiseland; kleinere Diebstähle oder Betrügereien kommen zwar vor, doch Gewaltdelikte sind selten. Frauen sollten allerdings nachts nicht in einsamen Gegenden, etwa am Strand oder in der Medina, unterwegs sein.

STROM

Die Netzspannung beträgt 220 V, ein Zwischenstecker ist in den meisten Hotels nicht erforderlich.

WÄHRUNGSRECHNER

€	TND	TND	€
1	1,75	10	5,72
2	3,50	20	11,44
3	5,24	30	17,17
4	6,99	40	22,89
5	8,74	50	28,61
7	12,23	70	40,05
8	13,98	80	45,78
9	15,73	90	51,50
10	17,48	100	57,22

TAXI

Die meisten Taxifahrer weigern sich, das Taxameter einzuschalten, sobald sie in einem Fahrgast den Touristen erkennen. Für die Fahrt werden dann meist völlig überzogene Preise verlangt. Wenn Sie den Fahrer nicht davon überzeugen können, korrekt abzurechnen, dann handeln Sie besser vor Fahrtantritt einen Festpreis aus. Für die 12 km lange Strecke von Nabeul nach Hammamet zum Beispiel sollten Sie nicht mehr als 8 TND bezahlen.

TELEFON & HANDY

Telefonieren vom Hotel aus ist sehr teuer; eine preiswertere Möglichkeit bieten die *Taxiphone* genannten Telefonläden, die es überall gibt und die teils rund um die Uhr geöffnet sind. Die Vorwahl für Deutschland lautet 0049, Österreich 0042, Schweiz 0041, Tunesien 00216. Nummern im tunesischen Festnetz beginnen mit einer 7, Handynummern mit 98 oder 22. Beim Roaming spart, wer das günstigste Netz wählt. Mit einer Prepaidkarte des Gastlands entfallen die Gebühren für eingehende Anrufe. Prepaidkarten wie die von Global-Sim (*www.globalsim.net*) oder Globilo (*www.globilo.de*) sind zwar teurer, ersparen aber ebenfalls alle Roaminggebühren. Und: Sie bekommen schon zu Hause Ihre neue Nummer. Immer günstig sind SMS. Hohe Kosten verursacht die Mailbox: noch im Heimatland abschalten!

TRINKGELD

Kellner, Gepäckträger und Taxifahrer erwarten ein Trinkgeld, das um 10 Prozent des Rechnungsbetrags bzw. 1 TND pro Gepäckstück liegen sollte. Auch das Zimmermädchen erhofft sich eine kleine Aufmerksamkeit. Bedenken Sie, dass das Trinkgeld ein wichtiger Bestandteil des Einkommens ist, mit dem die im Tourismus Beschäftigten fest rechnen.

TRINKWASSER

Leitungswasser ist sehr stark gechlort und nicht trinkbar. Nehmen Sie stattdessen Mineralwasser, das Sie in Supermärkten preiswert kaufen können.

PRAKTISCHE HINWEISE

UNTERKUNFT

Die meisten Ferienhotels befinden sich in so genannten *Zônes Touristiques,* den Touristen- oder Hotelzonen, die außerhalb der Orte oder Städte liegen. Sie sind mit Sternen klassifiziert und haben fast alle Restaurant, Bar, Swimmingpool und Strand und zwischen 150 und 500 Zimmer. Viele bieten mittlerweile eine All-inclusive-Verpflegung an. Vorteil dieser Hotelzonen ist, dass die Gäste kaum durch Stadt- und Verkehrslärm gestört werden. Die Unterkünfte in den Städten haben entweder Luxusstandard (für Geschäftsleute) oder sind sehr einfach und häufig furchtbar laut. Individuelle Hotels gibt es kaum; einen Schritt in diese Richtung machen die *Hôtels de Charme,* kleine und sehr elegante Häuser, die allerdings im Vergleich zu den Pauschalhotels ziemlich teuer sind.

ZEIT

In Tunesien gilt die Mitteleuropäische Zeit (MEZ) bzw. Sommerzeit.

ZEITUNGEN

Sie können im Hotel oder an Kiosken deutsche Boulevardzeitungen bekommen; Tageszeitungen wie SZ und FAZ gibt es seltener. Die wichtigsten tunesischen Blätter heißen *Le Temps* und *La Presse.*

ZOLL

Zollfrei einführen dürfen Sie 400 Zigaretten, 2 l Spirituosen bis 25 Prozent, 1 l über 25 Prozent, 250 ml Parfüm und Gegenstände für den persönlichen Bedarf. Antiquitäten dürfen nicht ausgeführt werden. Bei der Rückreise ins Heimatland sind 200 Zigaretten, 1 l Spirituosen über 22 Prozent, 50 g Parfüm und andere Waren im Wert von bis zu 250 Euro bzw. 300 Schweizer Franken frei.

WETTER IN TUNIS

	Jan.	Feb.	März	April	Mai	Juni	Juli	Aug.	Sept.	Okt.	Nov.	Dez.
Tagestemperaturen in ºC	14	16	18	21	25	29	32	33	30	25	20	16
Nachttemperaturen in ºC	6	7	8	10	14	18	20	20	19	15	10	7
Sonnenschein Std./Tag	5	6	7	9	10	11	13	12	9	8	6	5
Niederschlag Tage/Monat	10	8	9	5	3	1	1	2	3	6	6	10
Wassertemperaturen in ºC	15	14	14	15	17	20	23	25	24	22	19	16

> TU PARLES FRANÇAIS?

„Sprichst du Französisch?" Dieser Sprachführer hilft Ihnen, die wichtigsten Wörter und Sätze auf Französisch zu sagen

Aussprache

Zur Erleichterung der Aussprache sind alle französischen Wörter mit einer einfachen Aussprache (in Klammern) versehen.

■ AUF EINEN BLICK

Ja/Nein	Oui [ui]/Non [nong]
Vielleicht	Peut-être [pöhtätr]
Bitte	S'il vous plaît [sil wu plä]
Danke	Merci [märsi]
Gern geschehen.	De rien. [dö rjäng]
Entschuldigen Sie!	Excusez-moi! [äksküseh mua]
Wie bitte?	Comment? [kommang]
Ich verstehe Sie/dich nicht.	Je ne comprends pas. [schön kongprang pa]
Ich spreche nur wenig Französisch.	Je parle un tout petit peu français. [schparl äng tu pti pöh frangsä]
Können Sie mir bitte helfen?	Vous pouvez m'aider, s.v.p.? [wu puweh mehdeh sil wu plä]
Guten Morgen/Tag!	Bonjour! [bongschur]
Guten Abend!	Bonsoir! [bongsuar]
Hallo!/Grüß dich!	Salut! [salü]
Wie ist Ihr Name, bitte?	Comment vous appelez-vous? [kommang wus_apleh wu]
Wie heißt du?	Comment tu t'appelles? [kommang tü tapäl]
Mein Name ist …	Je m'appelle … [schö mapäl]
Ich komme aus …	Je suis de … [schö süi dö]
… Deutschland.	… l'Allemagne. [lalmanj]/
… Österreich.	… l'Autriche. [lohtrisch]
… der Schweiz.	… la Suisse. [la süis]
Auf Wiedersehen!/Tschüss!	Au revoir! [oh röwuar]/Salut! [salü]
Hilfe!	Au secours! [oh skur]
Rufen Sie bitte schnell …	Appelez vite … [apleh wit]
… einen Krankenwagen.	… une ambulance. [ün_angbülangs]
… die Polizei.	… la police. [la polis]
offen/geschlossen	ouvert,e [uwär, uwärt]/fermé,e [färmeh]
drücken/ziehen	presser [presseh]/tirer [tireh]
Eingang/Ausgang	l'entrée [l'angtreh]/la sortie [la sorti]
Wo sind bitte die Toiletten?	Où sont les W.-C., s.v.p.? [u song leh wehseh sil wu plä]

SPRACHFÜHRER FRANZÖSISCH

Damen/Herren	dames [damm]/messieurs [messjöh]
heute/morgen	aujourd'hui [oschurdüi]/demain [dömäng]
Wie viel Uhr ist es?	Quelle heure est-il? [käl_ör ät_il]

■ UNTERWEGS ■

Bitte, wo ist …?	Pardon, où se trouve …, s.v.p.?
	[pardong, us truw … sil wu plä]
… der Flughafen?	… l'aéroport … [laehropor]
… die Haltestelle?	… l'arrêt … [larä]/
	… la station … [la stasjong]
… der Taxistand?	… la place de voitures … [la plas dö woitür]
Bus/Fähre/Zug	le bus [lö büs]/le bac [lö bak]/le train [lö träng]
Entschuldigung,	Pour aller à …, s.v.p.?
wie komme ich nach …?	[pur_aleh a sil wu plä]
Immer geradeaus bis …	Vous allez tout droit jusqu'à …
	[wus_aleh tu drua schüska]
Dann links/rechts abbiegen.	Ensuite, vous tournez à gauche/à droite.
	[angsüit wu turneh a gosch/adruat]
nah/weit	près [prä]/loin [luäng]
Überqueren Sie …	Vous traversez … [wu trawärseh]
… die Brücke.	… le pont. [lö pong]
… den Platz.	… la place. [la plas]
… die Straße.	… la rue. [la rü]
Ich möchte ein Auto mieten.	Je voudrais louer une voiture.
	[schwudrä lueh ün wuatür]
Wo ist bitte die nächste Tankstelle?	Pardon Mme/Mlle/M. , où est la stationservice la plus proche, s.v.p.?
	[pardong madam/madmuasäl/mösjöh u ä la stasjong särwis la plü prosch sil wu plä]
Ich habe eine Panne.	Je suis en panne. [schö süis_ang pan]
Würden Sie mir bitte einen Abschleppwagen schicken?	Est-ce que vous pouvez m'envoyer une dépanneuse, s.v.p.? [äs_kö wu puweh mangwuajeh ün dehpanöhs sil wu plä]
Gibt es hier in der Nähe eine Werkstatt?	Est-ce qu'il y a un garage près d'ici? [äs_kil_ja äng garasch prä disi]

■ ESSEN/UNTERHALTUNG ■

Die Speisekarte, bitte.	La carte, s.v.p. [la kart sil wu plä]
Ich nehme …	Je prendrai … [schö prangdrä]
Bitte ein Glas …	Un verre de …, s.v.p. [äng wär dö … sil wu plä]

Besteck	les couverts [leh kuwär]
Messer/Gabel/Löffel	le couteau [lä kutoh]/la fourchette
	[la furschät]/la cuillère [la kuijär]
Vorspeise	le hors-d'œuvre [lö ordöwr]
Hauptgericht	le plat de résistance [lö plad rehsistangs]
Nachspeise	le dessert [lö dehsär]
Salz/Pfeffer	le sel [lö säl]/le poivre [lö puawr]
scharf	fort,e [for, fort]
Ich bin Vegetarier/in.	Je suis végétarien. [schö süi weschetariang]
Trinkgeld	le pourboire [lö purbuar]
Die Rechnung, bitte.	L'addition, s.v.p. [ladisjong sil wu plä]

■ EINKAUFEN

Wo kann ich … kaufen?	Où est-ce qu'on peut acheter …?
	[u äs kong pöht aschtä]
Apotheke	la pharmacie [la farmasi]
Bäckerei	la boulangerie [la bulangschri]
Kaufhaus	le grand magasin [lö grang magasäng]
Lebensmittelgeschäft	l'épicerie [lehpisri]
Markt	le marché [lö marscheh]

> ARABISCH

Für alle Fälle: das Wichtigste in der Landessprache

Kursives (männliche Form) ist bei Bedarf entsprechend durch [...] (weibliche Form)
zu ersetzen

Ja./Nein.	na'am/la oder: kalla	نعم/لا، كلا
Bitte./Danke.	min fadlak/schukran	من فضلك/شكرا
Entschuldigung!	'afwan	عفوا
Guten Tag!/Guten Abend!	sabba l-chair/masa l-chair	صباح الخير/مساء الخير
Auf Wiedersehen!	ma'a s-salama	مع السلامه
Ich heiße …	ismi …	اسمي
Ich komme aus …	ana min …	انا من
… Deutschland.	… almania	المانيا
… Österreich./Schweiz.	… al nimsa/swizera	النمسا/سويسرا
Ich verstehe Sie nicht.	ana la afhamuka [ki]	انا لا افهمك
Wie viel kostet es?	kam jukallif dhalika	كم يكلّف ذلك
Bitte, wo ist…?	'afwan aina …	عفوا اين

1	wahid (واحد)١	5	chamsa (خمسة)٥	9	tis'a	(تسعة)٩
2	itnan (اثنان)٢	6	sitta (ستّة)٦	10	'aschra	١٠ (عشرة)
3	talata (ثلاثة)٣	7	sab'a (سبعة)٧	20	'ischrun	٢٠ (عشرون)
4	arba'a (اربعة)٤	8	tamanija (ثُمانية)٨	100	mia	١٠٠ (مئة)

SPRACHFÜHRER

Haben Sie …?	Vous avez …? [wus_aweh]
Ich möchte …	J'aimerais … [schämrä]
Eine Einkaufstüte, bitte.	Un sac, s.v.p. [äng sak sil wu plä]
Das gefällt mir nicht.	Ça ne me plaît pas. [san mö plä pa]
Wie viel kostet es?	Combien ça coûte? [kongbjäng sa kut]
Nehmen Sie Kreditkarten?	Vous prenez les cartes de crédit?
	[wu pröneh leh kart dö krehdi]

■ ÜBERNACHTEN

Ich habe bei Ihnen ein Zimmer reserviert.	J'ai réservé une chambre chez vous. [schö rehsärweh ün schangbrö scheh wu]
Haben Sie noch …	Est-ce que vous avez encore … [äs_kö wus_aweh angkor]
… ein Einzelzimmer?	… une chambre pour une personne? [ün schangbr pur ün pärsonn]
… ein Zweibettzimmer?	… une chambre pour deux personnes? [ün schangbr pur döh pärsonn]
mit Bad	avec salle de bains [awäk sal dö bäng]
Was kostet das Zimmer mit Frühstück?	Quel est le prix de la chambre, petit déjeuner compris? [käl_ä lö prid la schangbr pti dehschöneh kongpri]

■ PRAKTISCHE INFORMATIONEN

Können Sie mir einen Arzt empfehlen?	Vous pourriez recommander un médecin, s.v.p.? [wu purjeh rökommang deh äng bong mehdsäng sil wu plä]
Ich habe hier Schmerzen.	J'ai mal ici. [scheh mal isi]
Eine Briefmarke, bitte.	Un timbre, s.v.p. [äng tambre sil wu plä]
Postkarte	la carte postale [la kart postal]
Wo ist hier bitte eine Bank?	Pardon, je cherche une banque. [pardong schö schärsch ün bangk]
Geldautomat	la billetterie [la bijätri]

■ ZAHLEN

1	un, une [äng, ühn]	11	onze [ongs]
2	deux [döh]	12	douze [dus]
3	trois [trua]	20	vingt [wäng]
4	quatre [katr]	50	cinquante [sängkangt]
5	cinq [sängk]	100	cent [sang]
6	six [sis]	200	deux cents [doh sang]
7	sept [sät]	500	cinque cents [sängk sang]
8	huit [üit]	1000	mille [mil]
9	neuf [nöf]	1/2	un demi [äng dmi]
10	dix [dis]	1/4	un quart [äng kar]

REISEATLAS
TUNESIEN

buchen sie gleich:

→ in ihrem reisebüro
→ unter www.holidayautos.de
→ telefonisch unter 0180 5 17 91 91
(14 ct/min aus dem deutschen festnetz)

kein urlaub ohne
**holiday
autos**

A   **B**   **C**

1

10 km

Mer Méditerranée

Canal de La Galite

2

Cap Negro
Sidi Mechri
Ter
474
Barrage de
Sidi el-Berrak
106
15

Plage de
Berkoukech
Rass
Rajel
32
Nefza
Ouchtath
Ain
Sebaa
637
Zagga
Tebaba

Cap Rosa
Cap Roux
Tabarka
Braptia
Hennaya
Lac
Melah
Cap Gros'
Sidi Rouine
El-Kala
44
Oum
Theboul
11
El Kebir
462
21
J. Guessa
805
Forêt
de l'Oued
Zéen
J. Sab
69

3
118
Boutedja
El-Tarf
15
Ain
el-Assel
109
23
110
Lac
Tongo
El Aoiun
Roum
El Souk
10
El Souk
Babouch
Ain Draham
1014
Ain el-
Hamaraya
Bge
Kasseb
11
Amdoun
Zahret Medien
Lac Obeira

Bir du Mexna
Hammam
Bourguiba
889
Camp des
Chênes
Beni
M'Tir
Barrage
de Beni M'Tir
Balta
62
Hamr
20
ALGÉRIE
62
Bge. Bou
Neurtma

Zitouna
82
40
Barrage de
Zouitina
22
Fernana
23
49
**Bou
Salem**
n Kerma
Souk
Halima
Souk
Jemaa
59
60
75E
75

4
Dj. Dyr
1041
J. bou Khrezara
877
Bulla
Regia
J. Rebia
627
Ben. Bechir
60
10
Thibar
75
Djebbat
Thuburnica
Ain Soltane
Thuburnica
Bulla
Regia
59
Chemtou
17
Souk
Esseht
Forêt de
Parc National
du Forêt
el-Feija
1750
14
30
J. el-Hairech
690
Jendouba
DJONAOUDA
965
J. Goraa
24
M
Chemtou
59
Oued
Melliz
6
Mejerda
22
Sidi
Meskine
Ain el-
Akerma
74
Tell
Ghozlane
74
J. Gorda

5
20
J. Takrouna
Ghardimaou
18
72
41
173
47
El-
Jemaa
60
Bord
M'Raou
Touiret
Sidi Merzoug
757
11
Nebeur
173
27

34
Sakiet
Sidi Youssef
72
Barrage
de Mellègue
17
Bahra
78
Borj
el-Aifa
78
60
1

Kariet Djebar
1125
Ain
Kerma
912
J. Ouergha
20
El-Kef
Hammam
Mellègue
16
5
Henchir
Lorbeuss
J. Maïza
887
Bou

6
25
89
5
Sidi Zin
P.N.
Saddine
Oglet-
Charen
71
18
12
Sers
71
J. Saadine
116
79
Sidi M'tir
112
Jebel Lorbeuss

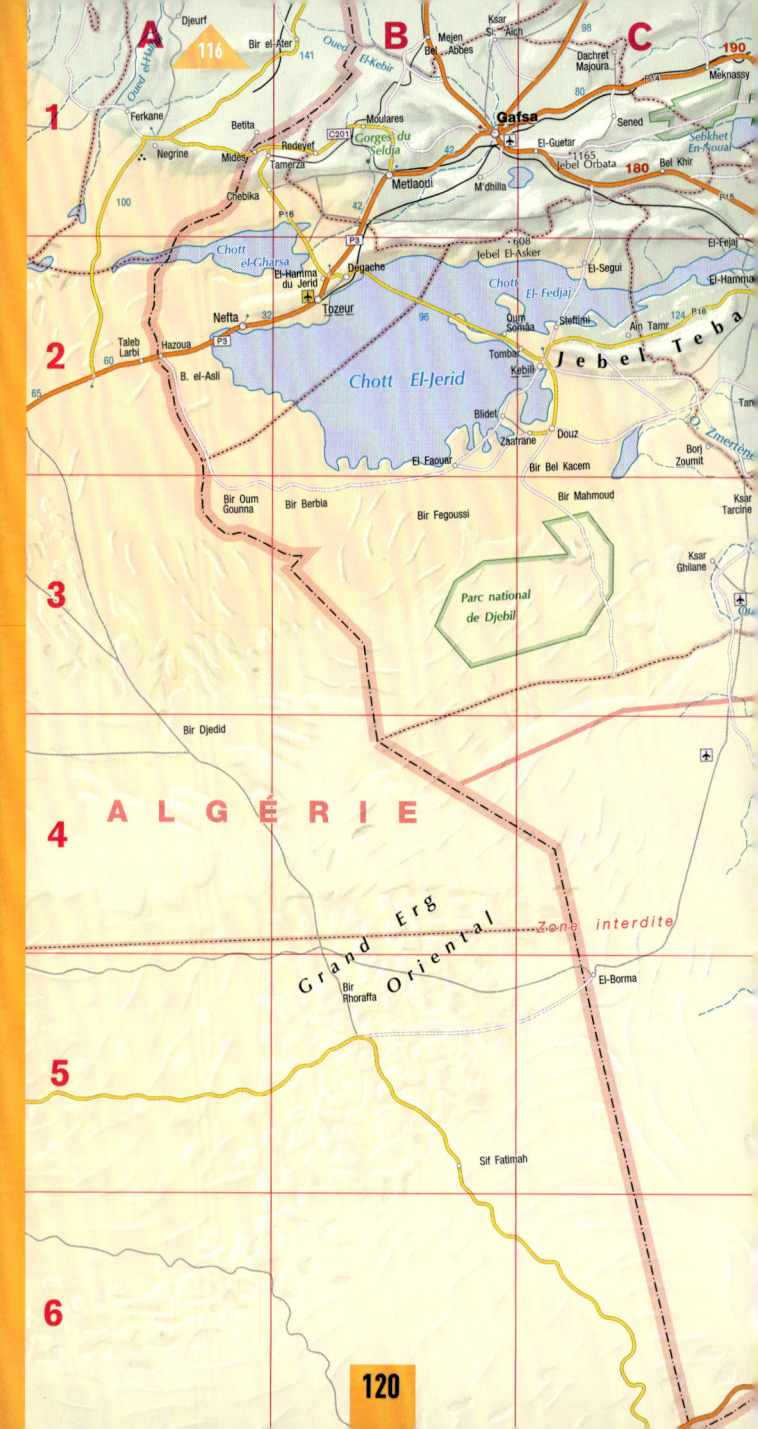

Autobahn mit Anschlussstellen	Motorway with junctions
Autobahn in Bau	Motorway under construction
Mautstelle	Toll station
Raststätte mit Übernachtung	Roadside restaurant and hotel
Raststätte	Roadside restaurant
Tankstelle	Filling-station
Autobahnähnliche Schnellstraße mit Anschlussstelle	Dual carriage-way with motorway characteristics with junction
Fernverkehrsstraße	Trunk road
Durchgangsstraße	Thoroughfare
Wichtige Hauptstraße	Important main road
Hauptstraße	Main road
Nebenstraße	Secondary road
Eisenbahn	Railway
Autozug-Terminal	Car-loading terminal
Zahnradbahn	Mountain railway
Kabinenschwebebahn	Aerial cableway
Eisenbahnfähre	Railway ferry
Autofähre	Car ferry
Schifffahrtslinie	Shipping route
Landschaftlich besonders schöne Strecke	Route with beautiful scenery
Touristenstraße	Tourist route
Wintersperre	Closure in winter
Straße für Kfz gesperrt	Road closed to motor traffic
Bedeutende Steigungen	Important gradients
Für Wohnwagen nicht empfehlenswert	Not recommended for caravans
Für Wohnwagen gesperrt	Closed for caravans

Wartenstein *Umbalfälle*	Sehenswert: Kultur - Natur Of interest: culture - nature
	Badestrand Bathing beach
	Besonders schöner Ausblick Important panoramic view
	Ausflüge & Touren Excursions & tours
	Nationalpark, Naturpark National park, nature park
	Sperrgebiet Prohibited area
	Kirche Church
	Kloster Monastery
	Schloss, Burg Palace, castle
	Moschee Mosque
	Ruinen Ruins
	Leuchtturm Lighthouse
	Turm Tower
	Höhle Cave
	Ausgrabungsstätte Archaeological excavation
	Jugendherberge Youth hostel
	Allein stehendes Hotel Isolated hotel
	Berghütte Refuge
	Campingplatz Camping site
	Flughafen Airport
	Regionalflughafen Regional airport
	Flugplatz Airfield
	Staatsgrenze National boundary
	Verwaltungsgrenze Administrative boundary
	Grenzkontrollstelle Check-point
	Grenzkontrollstelle mit Beschränkung Check-point with restrictions
PARIS	Hauptstadt Capital
MARSEILLE	Verwaltungssitz Seat of the administration

REGISTER

Im Register sind alle in diesem Reiseführer erwähnten Orte und Ausflugsziele sowie wichtige Sachbegriffe und Personen verzeichnet. Halbfette Seitenzahlen verweisen auf den Haupteintrag, kursive auf ein Foto.

> *www.marcopolo.de/tunesien*

IMPRESSUM

SCHREIBEN SIE UNS!

Liebe Leserin, lieber Leser,

wir setzen alles daran, Ihnen möglichst aktuelle Informationen mit auf die Reise zu geben. Dennoch schleichen sich manchmal Fehler ein – trotz gründlicher Recherche unserer Autoren/innen. Sie haben sicherlich Verständnis, dass der Verlag dafür keine Haftung übernehmen kann.

Wir freuen uns aber, wenn Sie uns schreiben.

Senden Sie Ihre Post an die MARCO POLO Redaktion, MAIRDUMONT, Postfach 31 51, 73751 Ostfildern, info@marcopolo.de

IMPRESSUM

Titelbild: Beduine, Reiter (Getty images: Resnick)
Fotos: Desert Evation (15 M.); Fremdenverkehrsamt Tunesien (15 o., 91 l.M.); Getty images: Resnick (1); R. M. Gill (Klappe l., 3 l., 4 l., 5, 21, 28, 34, 54, 61, 68/69, 73, 74, 80, 81, 99); R. Hackenberg (71); HB Verlag: Gartung (Klappe M., Klappe r., 3 M., 16/17, 19, 27, 29, 36, 41, 56, 58, 62, 63, 75, 76/77, 79, 84, 96/97); Kiedrowski/Schwarz (88); © iStockphoto.com: Sebastien Cote (91 r.M.), corsicasmart (13 o.), Alain Couillaud (90 u.r.), Marc C. Johnson (14 o.), katja kodba (90 o.l.), Melvin Migin (91 o.l.), Piotr Sikora (14 u.), Charles Tearle (13 u.), Aman Zhenikeyerev (15 u.); K. Kallabis (103); M. Kirchgessner (46); G. Knoll (6/7, 8/9, 11, 24/25, 26, 30/31, 35, 42/43, 51, 52/53, 59, 66/67, 86/87, 110/111); F. Köthe (2 r., 4 r., 12 u., 22/23, 32, 39, 40, 44, 45, 70, 94); Look: J. Greune (2 l.); Mauritius: Bach (23); A. Philippi (12 o.), D. Renckhoff (22, 28/29, 82, 92/93); The Residence-Tunis Hotel (90 r.M., 90 l.M.); D. Schetar/F. Köthe (127); T. Stankiewicz (3 r., 48, 64, 89); Villa Didon (91 u.r.)

2. (15.), aktualisierte Auflage 2008
© MAIRDUMONT GmbH & Co. KG, Ostfildern
Verlegerin: Stephanie Mair-Huydts; Chefredaktion: Michaela Lienemann, Marion Zorn
Autoren: Daniel Schetar, Friedrich Köthe; Redaktion: Manfred Pötzscher
Programmbetreuung: Leonie Dlugosch, Nadia Al Kureischi; Bildredaktion: Gabriele Forst
Szene/24h: wunder media, München
Kartografie Reiseatlas: © MAIRDUMONT, Ostfildern
Innengestaltung: Zum goldenen Hirschen, Hamburg; Titel/S. 1–3: Factor Product, München
Sprachführer: in Zusammenarbeit mit Ernst Klett Sprachen GmbH, Stuttgart, Redaktion PONS Wörterbücher

FÜR IHRE NÄCHSTE REISE

gibt es folgende MARCO POLO Titel:

DEUTSCHLAND
Allgäu
Amrum/Föhr
Bayerischer Wald
Berlin
Bodensee
Chiemgau/Berchtes-
  gadener Land
Dresden/Sächsische
  Schweiz
Düsseldorf
Eifel
Erzgebirge/Vogtland
Franken
Frankfurt
Hamburg
Harz
Heidelberg
Köln
Lausitz/Spreewald/
  Zittauer Gebirge
Leipzig
Lüneburger Heide/
  Wendland
Mark Brandenburg
Mecklenburgische
  Seenplatte
Mosel
München
Nordseeküste
  Schleswig-
  Holstein
Oberbayern
Ostfriesische Inseln
Ostfriesland/
  Nordseeküste/
  Niedersachsen/
  Helgoland
Ostseeküste
  Mecklenburg-
  Vorpommern
Ostseeküste
  Schleswig-
  Holstein
Pfalz
Potsdam
Rheingau/
  Wiesbaden
Rügen/Hiddensee/
  Stralsund
Ruhrgebiet
Schwäbische Alb
Schwarzwald
Stuttgart
Sylt
Thüringen
Usedom
Weimar

**ÖSTERREICH |
SCHWEIZ**
Berner Oberland/
  Bern
Kärnten
Österreich
Salzburger Land

Schweiz
Tessin
Tirol
Wien
Zürich

FRANKREICH
Bretagne
Burgund
Côte d'Azur/
  Monaco
Elsass
Frankreich
Französische
  Atlantikküste
Korsika
Languedoc
  Roussillon
Loire-Tal
Normandie
Paris
Provence

ITALIEN | MALTA
Apulien
Capri
Dolomiten
Elba/Toskanischer
  Archipel
Emilia-Romagna
Florenz
Gardasee
Golf von Neapel
Ischia
Italien
Italienische Adria
Italien Nord
Italien Süd
Kalabrien
Ligurien/
  Cinque Terre
Mailand/Lombardei
Malta/Gozo
Oberital. Seen
Piemont/Turin
Rom
Sardinien
Sizilien/
  Liparische Inseln
Südtirol
Toskana
Umbrien
Venedig
Venetien/Friaul

**SPANIEN |
PORTUGAL**
Algarve
Andalusien
Barcelona
Baskenland/Bilbao
Costa Blanca
Costa Brava
Costa del Sol/
  Granada
Fuerteventura

Gran Canaria
Ibiza/Formentera
Jakobsweg/Spanien
La Gomera/El Hierro
Lanzarote
La Palma
Lissabon
Madeira
Madrid
Mallorca
Menorca
Portugal
Spanien
Teneriffa

NORDEUROPA
Bornholm
Dänemark
Finnland
Island
Kopenhagen
Norwegen
Schweden
Südschweden/
  Stockholm

**WESTEUROPA |
BENELUX**
Amsterdam
Brüssel
Dublin
England
Flandern
Irland
Kanalinseln
London
Luxemburg
Niederlande
Niederländische
  Küste
Schottland
Südengland

OSTEUROPA
Baltikum
Budapest
Estland
Kaliningrader Gebiet
Lettland
Litauen/Kurische
  Nehrung
Masurische Seen
Moskau
Plattensee
Polen
Polnische Ostsee-
  küste/Danzig
Prag
Riesengebirge
Rumänien
Russland
Slowakei
St. Petersburg
Tschechien
Ungarn
Warschau

SÜDOSTEUROPA
Bulgarien
Bulgarische
  Schwarz-
  meerküste
Kroatische Küste/
  Dalmatien
Kroatische Küste/
  Istrien/Kvarner
Montenegro
Slowenien

**GRIECHENLAND |
TÜRKEI**
Athen
Chalkidiki
Griechenland
  Festland
Griechische
  Inseln/Ägäis
Istanbul
Korfu
Kos
Kreta
Peloponnes
Rhodos
Samos
Santorin
Türkei
Türkische Südküste
Türkische Westküste
Zakinthos
Zypern

NORDAMERIKA
Alaska
Chicago und
  die Großen Seen
Florida
Hawaii
Kalifornien
Kanada
Kanada Ost
Kanada West
Las Vegas
Los Angeles
New York
San Francisco
USA
USA Neuengland/
  Long Island
USA Ost
USA Südstaaten/
  New Orleans
USA Südwest
USA West
Washington D.C.

**MITTEL- UND
SÜDAMERIKA**
Argentinien
Brasilien
Chile
Costa Rica
Dominikanische
  Republik

Jamaika
Karibik/
  Große Antillen
Karibik/
  Kleine Antillen
Kuba
Mexiko
Peru/Bolivien
Venezuela
Yucatán

**AFRIKA |
VORDERER
ORIENT**
Ägypten
Djerba/
  Südtunesien
Dubai/Vereinigte
  Arabische Emirate
Israel
Jerusalem
Jordanien
Kapstadt/
  Wine Lands/
  Garden Route
Kenia
Marokko
Namibia
Qatar/Bahrain/
  Kuwait
Rotes Meer/Sinai
Südafrika
Tunesien

ASIEN
Bali/Lombok
Bangkok
China
Hongkong/
  Macau
Indien
Japan
Ko Samui/
  Ko Phangan
Malaysia
Nepal
Peking
Philippinen
Phuket
Rajasthan
Shanghai
Singapur
Sri Lanka
Thailand
Tokio
Vietnam

**INDISCHER
OZEAN |
PAZIFIK**
Australien
Malediven
Mauritius
Neuseeland
Seychellen
Südsee

> UNSERE INSIDER

MARCO POLO Autoren Daniela Schetar und Friedrich Köthe im Interview

Daniela Schetar und Friedrich Köthe bereisen Tunesien seit 1975 und haben zahlreiche Bücher und Artikel über das Land veröffentlicht.

Was reizt Sie an Tunesien?

Die erste Reise haben wir als Schüler unternommen und sind auf Karl Mays Spuren durch Südtunesien getrampt. Damals hatte es uns die Sahara besonders angetan. Bei späteren Reisen haben wir dann das ganze Land kennen- und lieben gelernt: Tunesien ist eine faszinierende Mischung traditioneller Elemente und einer dynamischen Moderne. Sie finden archaische Wohnkultur und hippe Mode, tiefe Frömmigkeit und aufgeklärte Jugendszene oft ganz nahe beieinander. Es macht einfach Spaß, diese Facetten immer neu zu entdecken. Und natürlich schätzen wir das angenehme Klima, die schönen Strände und die grandiosen Wüstenlandschaften.

Was mögen Sie an Tunesien nicht so?

Der Tourismus hat leider auch großen Schaden angerichtet. Viele, vor allem junge Männer, lassen jeden Respekt vermissen, sind zudringlich oder sogar unverschämt. Es kostet oft viel Kraft, sich von diesem Verhalten, das vor allem Hotelbedienstete und Verkäufer an den Tag legen, nicht abschrecken zu lassen.

Was machen Sie beruflich?

Als Reisejournalisten schreiben wir regelmäßig Artikel und Bücher über verschiedene Reiseziele. Spezialisiert sind wir auf das ehemalige Jugoslawien und die Maghrebländer. Über Tunesien haben wir sowohl Reiseführer als auch Bildbände publiziert. Wir arbeiten für alle großen Reiseverlage.

Kommen Sie viel in Tunesien herum?

Wir sind mindestens zweimal im Jahr für mehrere Wochen in Tunesien und bereisen dann das ganze Land.

Sprechen Sie Arabisch?

Wir sprechen nur ein paar Brocken Arabisch, genug, um höflich zu grüßen, Lebensmittel einzukaufen oder im Restaurant bestellen zu können. Französisch hingegen sprechen wir nahezu fließend, und damit kommt man fast überall gut zurecht.

Was tun Sie in Ihrer Freizeit?

Arbeit und Freizeit sind bei uns kaum zu trennen. Denn in der freien Zeit bereiten wir uns auf die nächste Reise vor. Aber wir lesen gern und viel, und wir gehen wandern.

Mögen Sie die tunesische Küche?

Tunesische Küche ist köstlich! Unser Lieblingsessen ist *brik*, frittierte Teigtaschen mit unendlich vielen verschiedenen Füllungen.

> BLOSS NICHT!

Touristenfallen und Dinge, die man besser meidet

Auf „Kellner" hereinfallen

Vermeintliche Bekannte, die Sie im Souk oder beim Strandbummel ansprechen, sind mit Sicherheit nicht das, was sie vorgeben: Weder sind sie in Ihrem Hotel beschäftigt, noch wollen sie Ihnen einen Freundschaftsdienst erweisen. Es geht schlicht darum, Sie in den nächsten Laden abzuschleppen.

Frauen allein unterwegs

Allein reisende Frauen brauchen ein stabiles Nervenkostüm und viel gute Laune, um die Kontaktversuche der Herren aller Altersstufen freundlich-abweisend zu ignorieren. Die meisten Tunesier sind höflich und charmant, das Land ist auch für Frauen sicher – nur nachts allein am Strand oder in der Medina sollten Sie nicht unterwegs sein.

Offenherzige Kleidung

Die in Hotels und Restaurants beschäftigten Tunesier haben sich an die oft ziemlich legere Kleidung ihrer Gäste gewöhnt; dennoch sollten Sie im Hotel ein Minimum an Rücksicht wahren und in korrekter Kleidung zum Essen erscheinen. Oben ohne am Swimmingpool oder am Strand ist verboten; wenn Sie sich nicht daran halten, bringen Sie Bademeister und Kellner in furchtbare Verlegenheit. Ähnlich empfinden traditionell lebende Tunesierinnen, wenn sie Touristen in knappen Shorts, Trägertops, durchsichtigen Blusen oder Unterhemden durch die Stadt flanieren sehen. Ein Schultertuch oder eine lockere Bluse über dem Top ist ein guter Kompromiss.

Im Ramadan prassen

Ihre tunesischen Gastgeber dürfen im Fastenmonat tagsüber weder essen noch trinken. Soviel Enthaltsamkeit wird von den Feriengästen natürlich nicht erwartet, aber etwas Rücksicht wäre eine nette Geste: Verzichten Sie außerhalb der Restaurants in der Öffentlichkeit ebenfalls darauf!

Hunde und Katzen

Streunende Tiere wecken bei Reisenden häufig Mitleid; wie gern würde man sie doch füttern oder gar streicheln. Aber verzichten Sie lieber darauf! Die Tiere können mit Krankheiten infiziert sein; ein Kratzer oder Biss erfordert eine sofortige Tollwut- und Tetanusimpfung und setzt den Ferienfreuden damit womöglich ein abruptes Ende.

Handeln ohne Kaufabsicht

Richtig Feilschen will gelernt sein! Wenn Sie ernsthaft in Verhandlungen treten, dann dürfen Sie diese nicht einfach abbrechen. Der Partner erwartet, dass Sie beide handelseinig werden und Sie Ihr Kaufversprechen auch einlösen. Wenn Sie also „nur gucken, nix kaufen" wollen, dann stellen Sie dies bitte vorher unmissverständlich klar.